読みなおす日本史

宝塚戦略

小林一三の生活文化論

津金澤聰廣

吉川弘文館

目　次

序　阪急沿線への散歩

関西は私鉄王国である。明治以来、東京よりやや早く私鉄を中心に郊外電車が発達した。とりわけ、京都、大阪、神戸の三大都市間は縦横に私鉄が走り、速くて安くて（ＪＲより）、便利である。

関西五大私鉄（阪急、阪神、南海、近鉄、京阪）のうち、京・阪・神三都を全部結んでいるのは阪急電車だけである。

阪急電車の終・起点は、大阪のキタといわれる梅田である。梅田はかつては埋田（うめた）といわれた湿地帯の荒地だった。

その梅田の、御堂筋の北端に、阪急ビル群が建ち並んでいる。そして、いまや阪急百貨店前（北区角田町（かくたちょう））が、関西では地価の高い場所のひとつとなり、東京・銀座の鳩居堂前、〝阪急角田町〟は日本の地価高騰の名所としても、全国的に有名となった。

かつての埋田が、遂に、大金を生みだす土地へと大きく変化したのである。

ここで、ある若い夫妻に登場してもらおう。子ども一人の三人家族で、阪急沿線に住むごくふつうのサラリーマン、と仮定する。

たまたま、このA夫妻の学校時代の友人が関西へ子ども連れで遊びに来たので、彼らの余暇の一日を追ってみようというわけである。

A夫妻は、阪急沿線を案内しようと思い立ち、友人らをまず宿泊先の新阪急ホテルに迎えに行く。このホテルは、阪急梅田駅の西隣にある交通至便のビジネス・ホテルだ。

ちょうど昼近くだったので、ホテルのすぐ前の日本最初のターミナル・デパートである阪急百貨店の食堂へ案内する。

近くには、川のある地下街で有名な阪急三番街や高層の阪急グランドビル、それに、ナビオ阪急やファッションビルの阪急ファイブなどが隣接している。そこには、映画・演劇・書店など、いわば遊楽・情報空間と若者向けの色とりどりのファッション情報空間とが、融け合いながら共存している。あるいは、ビジネス街と庶民的な飲食店街とが混然となって、独特の阪急梅田アミューズメント・センターを形づくっているのである。この阪急梅田駅周辺は茶屋町を中心に大規模な都市再開発も始まっており、数年後にはさらに大きく変貌することになる。

阪急百貨店の食堂に決めたのは最上階で見晴らしもよく、かつては、ライスカレーがとくにおいしく名物だったという話を思い出したからである。

神戸の海を見るために、梅田駅から特急に乗る。淀川の鉄橋を渡ると、次の停車駅は十三である。十三と書いてじゅうそうと読む。不思議な地名だが、ここが、京都線、宝塚線、神戸線の分岐点だ。

A氏は通勤途中でときおり、ホームにある「阪急そば」を食べる。特に天そ（天ぷらそば）がうまいと評判の店だ。

このチェーン店は、グループの阪急園芸の経営だが、乗り換え駅や大きな駅のホームには、このほか「水中翼船」（阪急汽船）とか「みもざ」（阪急交通社）や「あじさい」（六甲山ホテル）など阪急グループ直営の軽食・喫茶店が並んでいる。

風光明媚な神戸線沿線

阪急神戸線は、十三から三宮までほぼ一直線の線路である。駅間の距離も長いので、曲線と駅の数の多い阪神とのスピード競争には有利だった。

特急に乗ると気づきにくいが、十三を過ぎるとすぐ神崎川を通る。その駅のそばに阪急電車直営の大きなゴルフ練習場が見える。これは一九三一（昭和六）年にできたもので、関西のゴルフ練習場の草分けである。

阪急電車は眺めがよいといわれる。沿線に独自な風格ある住宅地が見えたり、六甲の山脈やら北摂平野の風光やその拡がりなどのせいもあろう。が、最も特徴的なのは、路線の高架重点方式のせいである。目線が高くなっているので、電車に乗っても視野が広く、あちこち見渡せるし、何よりひろびろとした感じがするのである。

西宮北口で、宝塚行きは乗り換えだが、阪急西宮スタジアムを南に見て、神戸線特急はかなりのスピードでなおも西へと一直線に進む。

高級住宅地のイメージが高い芦屋（阪急では芦屋川駅）を過ぎる頃から、電車は六甲山麓を縫うようにつっ走る。山が近くに迫るので余計にスピード感が出る。

この辺りから、反対側に眼をやるとやがて海が見えてくる。大震災以後、移り住んだ谷崎潤一郎をはじめ多くの作家や画家たちが、モダンな景観として推奨した、花崗岩と松の緑と青い空や海とが織りなす構図である。

試みに、電車の先頭部か、いちばん後ろの車両の窓から眺めてみると面白い。まるで、ちがった新しい風景がひらけてくるように見える。すると、神戸線のほぼ真っ直ぐな線路の中で、ただ一ヵ所、S字形のカーブになっている所がある。

それは御影駅のすぐ近くにあるかつての高級別荘地帯だ。阪急神戸線が計画された時、当時の住吉村の朝日新聞社主・村山龍平ら住民代表が、別荘の敷地を通ることに待ったをかけた。結局、村山邸を迂回することになり、それがS字カーブとなって残っているのである。

三宮に近づくにつれ、浜側には新しく埋め立てた人工島・六甲アイランドの高層住宅などにつづいて、造船所のクレーンや工場街が海の際まで拡がっている。

三宮で、神戸市自慢の新交通システム「ポートライナー」に乗り換え、ポートアイランドへ向かう。「ポートピア'81」博覧会の成功で、株式会社コウベの名を高めた、山を削って作った人工島である。

この島の南端にあるライド・パーク「ＫＯＢＥポートピアランド」に遊ぶ。ポートピア'81の呼び物のひとつとして誕生した阪急グループ経営の「スリルとロマンの一大遊園地」である。遊園地では、このほか、大阪万博公園内の「エキスポランド」も阪急グループ企業が経営している。

このあとの観光コースは、神戸港めぐりやら北野町界隈の異人館街や三宮・元町ショッピング街を訪ねて歩くことになろうか。あるいは、夏ならば、これも阪急グループの六甲山ホテルの名物バーベキューを味わいながら「一千万ドルの夜景」を楽しむのも一興である。

好感度抜群、阪急電車

翌日の午前中は、阪急百貨店で日用品の買物をする。とりわけ、食料品の買い出しには、地下の食料品売り場が活気もあって好評である。市場（いちば）のような賑やかさと京阪神の有名店コーナーとが並列していて、阪急デパート独特の雰囲気をかもし出す。

この百貨店のモットーである「どこよりも良い品を、どこよりも安く売る」がいまもイメージとして生きている感じのする売り場である。有名店街コーナーの着想も、阪急が早くから取り入れた商法のひとつだ。

買物をすませた後、梅田駅から宝塚線に乗る。あらかじめ、宝塚歌劇の切符を手に入れておいたからである。

北摂平野を急行で北に向かうと、豊中、石橋、池田に停まる。豊中の岡町・服部から蛍池、そして池田に至る阪急沿線は、戦前から開発された典型的な郊外住宅地である。いまでは一大ベッドタウンの様相だが、昔は田んぼと緑の豊かな静かな農村地域だったという。

かつては〝みみず電車〟というあだ名がついた阪急電車も、いまでは、車両も車内も「明るく、きれいで、都会的」と、イメージ調査（『日経』一九八五年一月十六～十八日付夕刊）では好感度抜群である。

たしかに、車内の広告も整理されていて、「あかぬけした」デザインといった印象もある。それが、車内の明るさや「上品」さのひとつの要素だろう。関連グループの広告が主体のようで、なかでも阪急電車の「車内エチケット」のポスターは、ウィットに富んだシリーズとしてひところ話題となり、好評だった。

いまではごく当たり前になった車内の中吊り広告も、実は宝塚線が箕面電車と呼ばれた頃に新企画として始められたものだ。同じポスターを背中合わせにして、前後どちらからも見られるといった着想も、駅のプラットホームに有料広告板をつくったのも、（少なくとも関西では）阪急電車が最初だったという。

石橋駅は箕面（みのお）支線の乗り換え口で、池田は沿線初の阪急ニュータウン第一号として開発された。池田駅の東方の小高い丘陵には、阪急創設者小林一三の旧邸（雅俗山荘）が㈶逸翁美術館として公開されており、その近くに㈶阪急学園池田文庫（図書館）がある。

池田から西へ、雲雀丘花屋敷・山本とつづくが、特に山本は昔から園芸の町として全国的に知られている。その周辺には、西国二十四番の名刹中山寺や火鎮めの神・カマドの神として信仰を集める清荒神（清澄寺）、あるいは売布神社など由緒のある寺社が多い。

そして、北摂平野が北西の山間に行きついた所に終点・宝塚がある。阪急宝塚駅一帯は目下、再開発のビル建設が進み、これは、宝塚大劇場の建て替えや、梅田駅周辺の大規模な都市再開発と共に、完成の暁には、両ターミナルの面目を一新し、景観も大きく変貌されるにちがいない。

ぜいたくなひとときを宝塚で

A氏らは宝塚ファミリーランドに遊んだが、子どもたちに人気が高いのは、やはり「ジェットコースター」「バイキング」「エンタープライズ」「スペース・コースター」などであるらしい。各地の遊園地とも共通する〝めまいとスリル〟の遊戯装置の大流行である。

かつての宝塚新温泉パラダイスは、主に女性と子どもと家族連れを狙ったが、いまやこのファミリーランドも、次第にアミューズメント・パークの要素も加え、若者志向も強く押し出し、複合化をめざしているようである。

そのあと夕方まで宝塚歌劇を観劇。素晴らしいのひとことだ。まだ見ぬ人に、その感動を伝えることは難しい。陶然として武庫川の橋を渡り、向かいの宝塚ホテルへと散策する。予約していたホテル内のレストランで、友人家族とフランス料理のディナーを楽しむ。年に一度のぜいたくだが、また明日から互いに元気に働こう！　と再会を約して別れた。

これが、ある日、A夫妻らが歩いた阪急沿線レジャー日記のスケッチである。

小林一三と関西学院

私が、この阪急沿線文化を意識するようになったのは、一九六三年春、現在の職場に赴任して阪急で通勤するようになってからだ。

阪急は、たしかに車内もきれいで、スピード感も安全感もほどほどで快適なのだが、乗り換えの連絡はおよそ悪い。電車が駅についたとたん、乗り換えるべき電車が発車してしまう。いきおい、コンコースを猛スピードで群衆が走るといった日本的現象が起きるのだ。

それでも、たいてい次の電車まで待たされる。一説には、それも阪急商法のアイデアで、待ち時間に売店などでモノを買わせる、飲食させる作戦だ、といううわさである。

関西学院（かんせいがくいん）大学に勤めてから知ったことだが、いまの西宮・上ケ原キャンパスはそもそも、小林一三の阪急沿線への学園誘致策により、彼の斡旋で、一九二九（昭和四）年、神戸・原田の森から移転したものだ。

一三が、旧校地・校舎を当時の金額で三百二十万円という大金で（交渉成立時の一九二六年下半期の阪急の営業収入は五百三十二万七千円）、そっくり買い取り、阪急がすでに売買契約をしていた上ケ原新校地七万坪（約二十三万平方メートル）を五十五万円で学院に譲渡する、という英断を下したことによる（『関西学院の一〇〇年』一九八九年）。

阪急の一大投資であったが、当時の関西学院連合教育委員会（米加両教会を中心に、経営に責任をもつために結成された）は、一三の援助と尽力とに対し感謝状を贈り、心からその功績を讃えている。

当日の記念写真には、壇上中央の小林一三の隣に、時の外務政務次官で民政党の有力衆議院議員・永井柳太郎の姿も見える。共に、安部磯雄の知遇を得ていた点で接点のある両雄の、この記念写真は意義深い。

小林一三にしてみれば、一九二〇（大正九）年に開通した本命ともいうべき神戸本線の、神戸都心への乗り入れ、および梅田停車場建設の二大工事が、その頃の最大の課題だった。

関学の旧原田の森キャンパスは、阪急の当時の西の終点・上筒井駅の近くにあった。一三は、一九二七（昭和二）年十二月、阪急共栄会の新理事の集会において、会社方針についての社長演説で、次のように述べている。

> 〔前略〕第一は、神戸市内線であります。これは現在の終点の少し手前関西学院の南側から一直線に阪口通、旗塚通、加納町を経て元町一丁目に出る二哩余の特許線であつて其工事設計変更を申請中であります、即ち地下線を高架線に変更せんとするのであります。〔後略〕（阪神急行電鉄『社報』第百六号、一九二七年十二月十九日発行）

つまり、地下鉄方式で同じく都心乗り入れを進めていた阪神（一九三三年に三宮まで実現、一九三六年元町まで延長）に対抗して、阪急は初め地下鉄高架併用方式を計画したが、一三にとって関学移転問題は、その高架乗り入れ変更（一九三六年、三宮まで高架線竣工）とのからみがあったのではないか、と推測される。

関学に来てもうひとつの発見は、この学院から宝塚歌劇団に入り、演出家として活躍している人材が多く輩出していることである。

高木史郎、内海重典、渡辺武雄、横沢英雄、小原弘稔、柴田侑宏、太田哲則等々、まさに錚々（そうそう）たる顔ぶれである。あるいは、機関誌『歌劇』の編集もやり、のちに「日劇ミュージックホール」の演出・運営に当たった丸尾長顕、宝塚の美術では小西松茂、宝塚管弦楽団の指揮者・野村陽児なども関学同窓である（編集・発行、毎日新聞阪神支局『新月ここに—関西学院九〇年—』）。

関西学院と小林一三とが、さまざまな関係で深い縁で結ばれていることを改めて知った。

新聞社事業史と宝塚

さらに、私自身の研究途上での小林一三との出会いがある。私は、マス・メディアの社会史ないし社会心理史、その関連から余暇・娯楽論史といった問題領域に関心を持ちつづけている。その一環として、新聞社事業史についても調べを進めている。

たとえば、博覧会についてみると、とりわけ関西においては、明治初期の「官営の見世物」時代を経て、明治末頃から主に私鉄の沿線開発、その乗客誘致戦術の一部として各種博覧会が企画、開催されてきた。

その人気に注目し、触発されて『大阪毎日』『大阪朝日』など新聞社が競って共催し、主催する形をとる。なぜかというと、後に述べるように、博覧会は、その時々の生活文化や社会風俗面のニュースを提供すると共に、新聞読者への優待サービスとして景品の役割も果たすのである。

つまり、私鉄の乗客誘致策と新聞社の読者サービス策、販売拡張策とが、さまざまなイベントで結びあって発展してきた。

そうした独創的な経営方式、宣伝・広告戦略を推進し、その原型をつくったのが、かつての箕面有馬電気軌道（略称・箕面電車、現・阪急電鉄）であり、その先駆的大プロデューサーが小林一三であったのだ。

あるいは、発足当初の宝塚少女歌劇が、ひとり立ちしはじめた重要な契機となったのが、大阪毎日新聞慈善団（現・毎日新聞大阪社会事業団）主催による十年間にわたる「大毎慈善少女歌劇会」であったこと、そして、夏の甲子園野球大会も、もともと阪急・豊中グラウンドで、『大阪朝日』の新聞社事業活動としてスタートした事実など、新聞の発達と小林一三との「共存共栄」戦略には興味深いものがあり、研究意欲をそそられる。

そんな出会いや関心が、私がこの本を書きたいと思ったひとつのきっかけとなっている。

なぜ「宝塚戦略」か

阪急電鉄は、一九九一年で創立八十四年となり、いまや阪急・東宝グループ約三百社の中核として発展をつづけており、宝塚ファミリーランドは八十周年を迎えた（表1参照）。宝塚歌劇も、一九九四年には創立八十周年記念を迎えることになる。

俗に、阪急の経営戦略は、第三次産業、サービス産業における「アイデア商法」とか「いもづる式」大衆商法の名でよく知られている。

ここでなぜ、「宝塚戦略」と呼ぶのか。いくつかの理由がある。

ひとつは、今日、巨大で複合的な大企業集団へと成長した阪急・東宝グループの原点が、宝塚にあることを改めて確認したいがためである。その発展過程で、実に多彩な「アイデア」まさに「いもづる式」に生みだされ、活かされて独創的で合理的、そして現実主義の経営戦略が展開されてきたのである。

第二に、その宝塚のとらえ方も点的でなく面的であり、非常に広域的な視角である。スタート当初から、たとえば、宝塚新温泉パラダイスは、いわば総合的な遊楽・演劇空間であり、行楽と新知識との新しい生活情報空間であった。博覧会、新温泉のトルコ風呂、少女歌劇、ルナパーク、動物園、飛行塔、活動写真、西洋音楽、それに凸面鏡やらメリーゴーランドなどの遊戯装置、それらが一連のものとして用意され、関西における新しい楽しみと情報文化発信基地としての役割を果たした。

表1　阪急電鉄の関係会社等一覧

業種	社名
鉄道	(子)能勢電鉄
	(関)北大阪急行電鉄
	(関)神戸電鉄
	北神急行電鉄
	神戸高速鉄道
	下津井電鉄
バス	(子)阪急バス
	(子)阪急観光バス
	(子)西谷自動車
	(関)丹後海陸交通
	丹海観光バス
	全但バス
	大阪空港交通
タクシー	(子)阪急タクシー
	(子)豊中タクシー
	(子)京都新阪急タクシー
自動車	(子)阪急パーキングサービス
	(子)ニッポンレンタカー阪急
	(子)東西自動車リース
	(子)服部緑地自動車教習所
海・空	(子)阪急航空
	(子)阪急汽船
貨物輸送	(子)阪急国内空輸
	(子)東西エキスプレス
	(子)東西エキスプレス九州
	(子)アムス
	ヂヤパンフレイトコンソリデーターズ
観光	(子)阪急交通社
	(子)日本観光倶楽部
	(子)宝友旅行社
	(関)西山ドライブウエイ
不動産	(関)国際文化公園都市
	(関)阪急不動産
	(子)能勢電産業
	(子)六甲山経営
	(関)下電開発
	梅田センタービル

業種	社名
ショッピング	阪急百貨店
	(関)阪急ファイブ
	(関)ナビオ阪急
	(子)池田名店街
	(関)神鉄エンタープライズ
	神戸高速興業
レストラン・喫茶	ギャザ阪急
	(子)茶房阪急
	(子)りら
	(関)阪急産業
	阪急地所
ホテル	(子)新阪急ホテル
	(子)新阪急ホテルアネックス
	(関)京都新阪急ホテル
	(関)高知新阪急ホテル
	(子)宝塚ホテル
	(子)六甲山ホテル
	(子)大阪エアポートホテル
	(子)天橋立ホテル
	(関)広島ターミナルホテル
	(子)呉阪急観光開発
	(関)大井開発
	(子)西日本開発
	(子)阪急旅行会館
	(子)宝塚レディースイン
	(子)東京すみれ会館
	(子)阪急ホテル開発
遊園地	(子)神戸ポートピアランド
	エキスポランド
リゾート・スポーツ	(子)有馬興業
	(子)るり渓開発
	(子)中国六甲山経営
	(関)神鍋高原開発
	(子)阪急開発
	(関)阪急仁川スポーツガーデン
	(関)阪急スポーツ企画

業種	社名
建設・工事	(子)阪急電気工事
	(子)阪急エンジニアリング
	(関)関西テック
製造・販売	(子)アルナ工機
	(子)アズマ販売
	(関)日本フクソーガラス
	(子)池田エルピーガス
	(子)ファイン・フーズ
放送	(関)関西テレビ放送
映画・劇場	(子)宝塚映像
	(子)宝映エンタープライズ
	(子)宝塚企画
	(子)宝塚音楽出版
	東宝
	オーエス
	コマ・スタジアム
	東京楽天地
園芸	(子)阪急園芸
各種サービス	(関)遊時創造
	(関)シアターデザイン
	(子)西和
	(子)阪急コンピューターサービス
	(関)阪急証券代行
	(子)阪急クリーンカラー
	(関)阪急東宝クレジットサービス
	阪急東宝リース
	(子)東西保険サービス
	(関)阪急興業
	(関)阪急リネンサプライ
	(子)宝塚ホテルサービス
その他団体	宝塚歌劇団
	準学校法人宝塚音楽学校
	財団法人逸翁美術館
	㈶阪急学園(池田文庫)
	㈶千里国際情報事業財団
	㈶千里国際学園設立準備財団

((子)…子会社，(関)…関連会社)

資料：阪急電鉄㈱広報室『ハンドブック阪急'90』，1990年7月

第三には、この広域的視角は沿線住宅地の開発やターミナル・デパートとも直結した着想であり、宝塚を拠点とした沿線地域全体をひとつの郊外ユートピアとして形成しようとする。つまり、阪急沿線をひとつの生活文化圏として、さらに京阪神へ、東京へ、東海道メガロポリスへ、世界へとつなげてゆく発想である。

その田園都市論や都心のアミューズメント・センター構想にしても、そこにみられる強い理想主義、現実主義がもつ意義は大きい。

また、今日的視点から見て、小林一三は、日本のメセナ（芸術文化支援）の先駆者としても改めて注目される。何よりも、いまや国際的にも高い評価を受けている宝塚歌劇をつくり育てあげた功績は偉大であろう。

小林一三による宝塚戦略は、その後の私鉄経営の原型をつくったばかりでなく、日本人の生活文化や都市娯楽のあり方を一変させ、それを常識化したといえる。今日、都市消費にみられる多くの生活文化様式は、宝塚戦略によってつくられた面があり、少なくとも現代日本人の大衆消費パターンや遊ばせ方に新しいヒナ型を提供しつづけた。

ふつう阪急商法といえば、今日では、関西商法の代名詞のようにいわれ、そう思われている。しかし、小林一三の経営理念や基本戦略は、明らかに伝統的な大阪商法ではない。

作道洋太郎がすでに指摘しているように、阪急商法というのは、小林がかつて在職した三井の伝統商法、すなわち「現銀安売り掛値なし」といった大衆志向の革新的な経営戦略が、その原点ともいえるのである（宮本又次編『企業家群像―近代大阪を担った人々―』清文堂）。

あえていえば、阪急沿線の生活文化は、「大阪文化」圏のものというより、むしろ、大阪から離陸した〝非上方文化〟である。あるいは、東京の一極集中とは対照的に、関西は典型的な多極構造の自由都市連合（近藤勝重『遊遊コラム街』素人社）なのであり、阪急沿線文化は、他の私鉄沿線文化と共に、いわば重層的な関西文化圏を形成しているとみることもできる。とりあえず、「阪急沿線文化」を大正期における日本の新しい都市中流（意識）文化の出現という仮説に立って、再検討を試みてみたいと思う。おそらくそれは、私たち現代日本人の生活文化の実質も問うことになる。

1　楽園としての宝塚

なぜ宝塚にレジャーランドか

テーマ・パークのブームである。とくに、東京ディズニーランドは、登場以来、予想をはるかに超えた大人気となって話題を呼んでおり、長崎オランダ村も、国際文化交流の波に乗り、事業化に成功しつつある。

また、新日鐵による「スペース・ワールド」(北九州市)は、アメリカの宇宙開発から生まれた巨大な遊戯装置のノウハウ輸入として注目されよう。あるいは、「神戸ワールド」や「岡山チボリ」構想などは地域開発とのからみでいろいろな課題や話題を投げかけている。

今日みる遊園地のルーツは、十七世紀ヨーロッパのプレジャー・ガーデンにまでさかのぼるが、アミューズメント産業として確立されたのは、十九世紀末のアメリカのコニーアイランド遊園地などの登場から、二十世紀初頭にかけてである(中藤保則『遊園地の文化史』)。

日本における、電鉄経営になる本格的なレジャーランドは、宝塚新温泉(一九一一年)がはじめてといえる。

宝塚といえば、すぐさま宝塚歌劇が連想されるほどに、歌劇と深く結びついて発展した街である。あるいは、歌劇もそのなかに含まれる遊園地「宝塚ファミリーランド」のある行楽都市として知られている。

いまでは、人口約二十万人の阪急沿線の典型的な郊外住宅都市であり、音楽と園芸と温泉の街でもあり、さらに「国際観光文化都市」を目指している。

地図でみると、大阪と神戸とのほぼ真ん中の北の方に位置しており、行政区域としては兵庫県に属す。

「宝塚ファミリーランド」へは、子どもたちにせがまれてよく出かけたものだが、大阪の阪急梅田駅から宝塚へ行くには、ふたつの道順がある。ひとつは、宝塚線の急行で直接、終点宝塚まで行くのだが、石橋から先は各駅停車になり、約三十六分の行程である。

もうひとつは、阪急神戸線の特急に乗り（十四分）、西宮北口駅で今津線に乗り換えて宝塚かそのひとつ手前の宝塚南口まで（十三、四分）行く法方である。

宝塚駅からは、昔は堤防だったという「花の道」を通り、宝塚南口からだと武庫川の橋を渡ると「宝塚ファミリーランド」はすぐそこにある。

この「宝塚ファミリーランド」の前身は、一九一一（明治四十四）年五月に開園した宝塚新温泉であり、阪急電鉄の経営によるターミナル遊園地として、すでに八十年の歴史がある。いまでは、デンマークの有名な「チボリ遊園地」とも姉妹提携を結び、総面積約十六万平方メートルの敷地をもつ、複合的で総合的な一大レジャーランドとして人気が高い。

とりわけ、世界的に有名なのが宝塚歌劇であり、宝塚大劇場や宝塚バウホールでほぼ一年中タカラジェンヌの熱演が見られる。また、近くには、宝塚音楽学校もある。

園内には、そのほか、ホワイトタイガーを呼びものとする動物園や栽培植物千五百種の動物園をはじめ、「ポップンランド」「マシーンランド」という名の遊戯施設があり、多様な遊戯機や乗りものが配備されている。その他、文化施設やら大食堂、各種売店、喫茶店、あるいは、武庫川をせきとめた観光ダムをしつらえ、ボート遊びのできる「宝塚レーク」などもある。

ではなぜ、宝塚にレジャーセンターなのか。それは一九一〇（明治四十三）年三月十日に箕面有馬電気軌道㈱（阪急電鉄の前身）の宝塚線、箕面支線が開通したことにより、その乗客誘致策の一環としてつくられた。

箕面有馬電気軌道（以後、箕面電車と省略）は、先発の阪神電車が大阪と神戸を結ぶ都市間電車（一九〇五年開業）であったのに比べ、終点も沿線も田園地帯というまったく新しいタイプの遊覧電車として出発している。

関西では阪神電車、関東では京浜電鉄（一九〇四年に品川―川崎間）にはじまる都市間電車は、以後急速な発展をみせ、とりわけ関西では、南海の電化につづき、一九一〇年に箕面電車（現・阪急宝塚線）、兵庫電気軌道（現・山陽電鉄）、京阪電鉄などが開業。一九一二年には大阪高野鉄道（現・南海高野線）が電化となり、一九一四年に大阪電気軌道（大軌、現・近鉄奈良線）が開業した。

阪神や京阪が最初から大都市間を結んで開業したのに対し、箕面電車の終点には何らめぼしいものもなく、また、他のいずれもが、有力寺社への参詣電車という性格をも併せもっていたのとは対照的だ。

箕面電車の場合、その開通後、乗客の増加をはかるためには、沿線に住宅地をつくり、その開発を進めるより方法がなかった。が、これは短時日には無理である。

沿線が多少とも発展して乗客数がある程度固定するまでは、郊外遊覧電車としての特色ある付帯事業を積極的に開発する以外にない。

とにかく、都市間電車や寺社参詣電車とはちがって、ターミナルに何としても新しい魅力ある遊覧施設をつくって、多数の乗客を誘引する必要に迫られたのだった。

そこで選ばれたのが、箕面と宝塚である。

観光地・箕面の開発から

箕面有馬電気軌道という会社名からわかるように、当初、有馬温泉と箕面をこの電鉄の終点とする予定だった。だが有馬までは延長する余裕もなく、箕面のほかに、宝塚を仮の終点としたわけである。

しかし、宝塚といっても、箕面電車の開通当時は、武庫川の東岸に位置する現在の宝塚ファミリーランド一帯は、数軒の農家が点在するのみで、閑静な松林のつづく川原にすぎなかった、という。はじめ、箕面電車では、対岸の旧宝塚温泉の発展策を考えて、一大温泉郷の計画を立てたものの、旧温泉側の有力者たちと折り合いがつかず、結局、箕面電車独自の計画を推進することとなった。

一方では、宝塚新温泉計画を進めながら、当面の誘致策はまず、箕面を中心とした観光開発から始められた。

創業当初の沿線で最大の名所・旧跡らしいものといえば箕面である。箕面はすでに大阪に近い紅葉の名所として知られており、滝安寺を中心とした広大な森林地帯は、大阪府から「天然公園」の指定を受けていた。

箕面電車の開通によって、それがより身近な自然公園として観光開発されたわけだ。しかし、その自然美だけで多くの乗客をひきつけるのはむずかしい。そこで、企画されたのが新形式の動物園計画である。

当時、動物園は京都にできていたが、大阪市付近にはなかった。ただし、ふつうの動物園では大阪からわざわざ見に来てくれないかも知れない。いつか何かで見たドイツの自然動物園から連想して、動物の放し飼い方式が変わっていて面白いのでは、と思いついたという。

箕面電車の責任者（専務取締役）であった小林一三の『逸翁自叙伝』には、箕面動物園について次のように書かれている。

公園入口左手の動物園は、渓流に日光の神橋を写した朱塗の橋を渡って、二間四方朱塗の山門から左へ登りゆくのである。園の広さは三万坪、だらだら坂を曲りまがって中央の広場には余興の舞台がある。数十町の道に沿うて動物舎がある、渓流の一端を閉ぢて池を造り、金網を張った大きい水禽舎には数十羽の白鶴が高く舞ふ。

つまり、「自然の岳岩を利用し」「猛獣の生活を自由ならしめた自然境の施設」ということだから、いまでいえば、さしずめ小規模のサファリーパーク様のものだったらしい。

この奇抜な箕面動物園の開設は、電車が開通した年（一九一〇年）の十一月だが、物珍しさも手伝って好評を博し、渓谷と山林美とを背景とした大阪市民の新しいレクリエーション地域となった。翌春には、園内で各種の余興も行われ、六月にはちょうど一万号記念を迎えた大阪毎日新聞社が、梅田からの箕面行電車と動物園を一日買い切りとして、「切符も要らぬ何んにも要らぬ、誰でも乗り次第、乗り放題」と宣伝したりした、という。

新聞社の読者サービス策、拡販策がいろいろなアトラクションやらイベント戦略に活用された先駆的事例のひとつだろう。

この年（一九一一年）十月には、園内で「山林子供博覧会」が開催され、自然の景観を利用したお伽（とぎ）パノラマや子供電車などが人気を集めたようだ。

これにも、大阪毎日新聞社は協賛して、紙面でも話題づくりに貢献しているが、電車の誘客を目的とするこの種の催しとしては、日本最初ともいわれている。

失敗に終わった動物園経営

しかし、この箕面動物園は結局廃止となり（一九一六年）、一九一一（明治四十四）年五月一日に営業開始した宝塚新温泉に観光開発の重点を全面的に移すこととなった。園内にあった大衆向けの諸施設は宝塚に移転させた。

その失敗の原因を、小林一三は、熱帯産の動物の飼育が大変なこと、燃料や維持費が相当かかり営業上採算がとれないこと、その上地震などの災害で土砂の崩壊やらの危険性も高いことなどに気づいたためとしている。

いたずらに客寄せの遊園地にして自然美をそこなうよりも、箕面公園はやはり「天然の閑寂を保つに如かず」と思い直し、「森林美、箕面公園の大自然を永久に保護することを大方針」として転換したとしている。

要するに事業として成り立ちにくいことがわかり、思い切って撤退したわけだ。

実際、このサファリーパークは、時には動物が逃げたとか、猛獣の鳴き声などで、付近の住民からは不安がられたようだ。一説には、動物たちの糞尿管理に不備もあって、地域の水利組合などから水質汚濁への疑いがある、とうわさが流れ、そのため閉園に至ったとの伝聞もある。

こうした反省と失敗から一三は、一転して箕面公園を自然保護による観光価値の維持管理へと誘客策を転換してゆくのだが、この方針は、その後の沿線の新しい名所づくりや郊外生活の効用をアピールする広告文にも表明されている。

当初は奇抜なイベントとして注目された箕面動物園であったが、運営上、採算の見込みがつかないとみると、思い切って撤退し、新しい企画に挑戦するところなど、いかにもその後の小林一三の行き方を暗示する。

少なくとも、この箕面動物園構想の失敗は、彼の事業戦略にとって最初の重要な教訓となったようである。

宝塚新温泉と遊園地

宝塚は、いわば箕面電車とその後の阪急電車によってつくられた人工都市である。箕面と並ぶもうひとつのターミナルに、全く新しい観光地として、小林一三ら阪急が「無理にこしらえた都会」である。

箕面で挫折した一三は、武庫川左岸の川原の埋立地を買収して、そこに斬新な大理石づくりの大浴場と家族向け温泉を建設する「宝塚新温泉」構想を立て、それを実行した。

なぜ「新温泉」かというと、在来の旧温泉街とは川を隔てた向かい側にあり、まさに「白く輝く砂と赤松」の新開地で、箕面とちがい「百姓のおらん雑地」からの出発であった。

この宝塚新温泉の開場は、電車が開通して約一年後の一九一一(明治四十四)年五月のことだから、今年はその八十周年を迎えたことになる。

新形式のレジャーセンターである宝塚新温泉は、一般の家族連れが大阪から日帰りで行ける、気軽で安くて楽しい温泉が売りものだった。当時、大阪からは近くの有馬温泉に行くにしても一泊はしなければならなかった。

創設当初には、新温泉と本温泉のふたつがつくられ、前者は入場料おとな五銭、子ども二銭、別に五十銭で貸切用の家族温泉もあった。その頃の町の銭湯での入浴料は、東京、大阪では二銭ぐらいだというから、やや高いようだが、この入場料で温泉付属の娯楽設備をすべて無料で利用できるので、全体としては安くなる、という計算だ。

大浴場は異国風で豪華な大理石づくりであり、なかなかデラックスな印象である。そこに、婦人化粧室や婦人休憩室を設けるなど女性向け施設にも心を配ったのが好評だった。本温泉は、「天然に湧出するラジウム霊泉」で諸疾患に効き目があるとして別料金となっていた。

そして、舞台には年中無休の余興や活動写真がかかっていて、この種のアトラクションはいつでも自由に無料でみられる、という方式である。

さらに、翌年七月には「パラダイス」という名の洋館の娯楽場を増設し、室内水泳場や種々の新しい娯楽設備を設けた。

たとえば、アメリカ合衆国からの新輸入と銘打った「滑稽鏡（こっけいかがみ）」や「香水美人」、あるいは新形式の辻占機械やら子ども用木馬や自動回転車などに人気があった、という。

このほか、「パラダイス」には、接待室という特別室を設け、そこには広いレセプションホールもあり、同窓会や同郷会、同業者相談会、画会、美術品陳列会、俳句会、忘年会、新年会などなどに無料で貸切りできる、という新しい形式をとった。

この「パラダイス接待室」の趣向は、団体客向けのユニークな企画として歓迎され、しかも新温泉内には「安くてうまい」食堂や料理店の出店もあるので、電車賃と食事代を合わせても五、六十銭あれば温泉に入って一日ゆっくり遊べる、というわけである。

社史によれば、宝塚新温泉開場後、一年間の入浴者は約四十五万人、一日平均千二百人と記録されている。

私鉄による遊園地経営は箕面電車が全くはじめてではない。

関西においては、他の私鉄沿線にもすでに遊園地的施設はあった。

たとえば、南海鉄道（現・南海）の浜寺公園（一九〇六年に海水浴場開設）、淡輪（たんのわ）遊園（一九一一年）があり、また、大阪鉄道（現・近鉄南大阪線）の玉手山遊園（一九〇八年）、京阪電鉄の香里遊園地（一九一〇年、ただし一九一二年に住宅地として売却）などもあった。

しかし、いずれも沿線での小規模なものに留まり、私鉄による本格的な、しかもターミナルでの遊園地経営としては、宝塚新温泉パラダイス接待室が最初のものといえる。

博覧会イベントの開催

宝塚新温泉は今日でいうヘルス・センターの草分けともいえる一面があり、豪華な大浴場と娯楽・レクリエーション施設とを混合させた新形式の遊楽空間としての遊園地開発が試みられた。

多数の来遊客をひきつけるために、ここでも次から次へと新しい企画が練られ、実行に移されている。

「パラダイス」のなかにつくった室内水泳場が時勢に早すぎて失敗に終わったのは有名な話だが、そこでやむをえず、プールの水を抜いて水槽を客席に、脱衣場を舞台として改造し、催しのひとつとして博覧会も企画された。

新温泉開業の余興には、大阪南地の芸者衆による「芦辺踊」が開催され、その後「美人劇」や大活動写真会などを、また最初の二年間は、年末や年始に遊女に関する書画や珍品を公開する博覧会「遊女会」が開かれている。

これらの催しの狙いは、明らかに来遊客の過半を占める男客向けのものであり、はじめは、宝塚新温泉も施設や催しは男客を主力に想定されたものだったようである。

ただし、小林一三の新温泉構想には、単に男客だけでなく、多数の一般の「女子供」すなわち家族連れの誘客策がその基本にすえられていた。その一例が洋風の婦人化粧室や婦人休憩室等の設置であり、一三自身それらは「専ら女子供の歓心を買ふ」ため、と書いている。

女性客を主眼に

ところで、阪田寛夫（『わが小林一三』）の丹念な考察によれば、客寄せのための催し物の変化についてみると、新温泉開業の三年目の一九一三（大正二）年から、小林一三の方針がはっきり変わったという。

つまり、二年つづいた「遊女会」からこの年春には「婦人博覧会」となり、京大から上田敏博士を講演に招いたり、次いで一九一四年春に「婚礼博覧会」、一五年春は「家庭博覧会」とつづいた。

なぜ、ここで方針を変えたのか。阪田によれば、ひとつには小林家の子どもたちが、大正二年には上から十二歳、十歳、九歳、四歳、二歳と成長して、彼ら彼女ら自身が宝塚の客となった場合のことを、一三が考えたためだろう、という。

そして、「一三の凄さは、たとえば明治四十四年の瀬音の変化から、直接女性一般の『大正時代』を読み取ってしまう感受性と、想像力である」（阪田寛夫『前掲書』）。

新温泉ができた一九一一（明治四十四）年は、北原白秋の詩集『思ひ出』の出版記念会に、上田敏が「感覚解放の新官能的詩風」と絶賛した年であり、婦人解放を説く平塚雷鳥たちの雑誌『青鞜』の発刊もその年だった。この年開業した帝国劇場が、川上貞奴の女優養成所を引き継いだ形で、わが国ではじめての女優劇を上演しだした時も、一三は「東上の度毎に」その女優たちを見に行った。

一三はおそらく、それらの背後にいる若い女性たちを、これから開拓すべき新しい大切な顧客層だと直観していたのではないか、という。

二重、三重の誘客装置

さて、遊園地のなかの博覧会というのは、やってくる来遊客たちを飽きさせぬよう、絶えず目先を変えて興味をつなぐ工夫が求められる。従って、その取りこわし自由で時流に乗った文化消費的催し物という性格を強め、かつての内国博覧会などとは異質な、いわば新しい生活のモデルをのぞかせる見世物として始まっている。

たとえば、さきにふれた「婚礼博覧会」(一九一四年)の概要は次の通りである。

すなわち、第一部・風俗及び習慣、第二部・器具及び調度、第三部・儀式及び装飾、第四部・文書及び絵画、第五部・贈答品の部門にわけ、人形モデルで東西古今にわたる婚礼のさまざまを歴史的、風俗的に展示しようというものだった。いわば百貨店のブライダル・コーナーの趣向に近い催しでもあったようだ。

この「婚礼博覧会」を盛りあげるために、さらに呼び物があり、この期間中、たとえば高齢者夫婦招待会、婚礼問題講演会、あるいは、各種婦人雑誌ともタイアップしてその愛読者大会等をも開催している。

その上、この博覧会の余興として、プールを改造してできたパラダイス劇場において、宝塚少女歌劇の第一回公演が(四月一日から五月末まで)「観覧無料」で開かれた。

まさに、これらは電鉄客誘引のための文化イベントの先駆であり、この婚礼博覧会が大阪毎日新聞社の実質的な協賛を得て行われたことから、これら文化イベントが記事や広告として宣伝され、話題を拡げた。

まず、ターミナルとしての一大温泉遊園地があり、そこに人を集めるためさらにイベントとして博覧会を催し、その博覧会を盛りあげるために文化イベントやら、その余興として少女歌劇を公演する、といった二重、三重の誘客装置が準備されたのだった。

ただ、宝塚新温泉における博覧会は、規模もそう大がかりとはいえず、いわば婦人や子ども向けの新しい家庭娯楽イベントとして珍しがられた段階といえる。少なくとも「官営の見世物」である内国勧業博覧会や各府県主催のものは、その殖産興業や富国強兵の手段という性格からして主に成人男子を対象としたのに対し、箕面電車の博覧会作戦は、はじめから婦人と子どもに的をしぼって余暇・消費の新イベントとして行われたところに特徴がある。

しかしこれらも四、五年つづくと種切れになり、その後はもっぱら主催、共催の新聞社の宣伝力に寄りかかる形で時流に乗った。

箕面電車および阪急の博覧会事業の主な展開は、〈表2〉にみるとおりだが、電鉄と新聞社とのタイアップ効果で宣伝力も高まり、新聞社の側も、会場の賑わいや展示物や催しをニュースとして取材し紙面を飾る、というスタイルをつくった。博覧会などの流行・風俗記事は明るい面を強調する無難

表2　阪急・博覧会略史年表　1911～1957年

西暦	元号	名　称	開催場所	共催・後援の新聞社名
1911	明治44	山林子供博覧会	箕面動物園	大阪毎日新聞社(協賛)
1913	大正2	婦人博覧会	宝塚新温泉	―――
1914	〃 3	婚礼博覧会	同　上	大阪毎日新聞社(協賛)
1915	〃 4	家庭博覧会	〃	―――
1916	〃 5	芝居博覧会	〃	―――
1932	昭和7	創立25周年記念 婦人子供博覧会	〃	大阪毎日新聞社(後援)
1934	〃 9	宝塚少国民博覧会	〃	同　上
1935	〃 10	宝塚皇国海軍博覧会	〃	〃
1935	〃 10	宝塚逓信文化博覧会	〃	―――
1937	〃 12	大毎フェアランド	西宮北口	毎日新聞社(主催)
1938	〃 13	支那事変聖戦博覧会	同　上	大阪朝日新聞社(主催)
1939	〃 14	大東亜建設博覧会	〃	同　上
1941	〃 16	国防科学博覧会	西宮北口,宝塚	日刊工業新聞社
1943	〃 18	決戦航空博覧会	西宮球場他	毎日新聞社(協賛)
1950	〃 25	アメリカ博覧会	同　上	朝日新聞社(主催)
1951	〃 26	こども博覧会	宝　塚	朝日新聞社(共催)
1954	〃 29	日本芸能博覧会	同　上	毎日新聞社(主催)
1955	〃 30	南米博覧会	〃	同　上
1956	〃 31	観光日本博覧会	〃	大阪読売新聞社(主催)
1957	〃 32	創立50周年記念 交通文化博覧会	〃	毎日新聞社(主催)

資料：『京阪神急行電鉄50年史』京阪神急行㈱，1959年

な話題として、社会面を埋めていたともいえる。

宝塚少女歌劇の誕生

女性だけの出演者による歌劇・舞踊団で、しかも八十年近くもつづいている人気芸術集団というのは、世界でも珍しい存在といわれる。いまや、名実共に世界のタカラヅカである。

今日では、花・月・雪・星の四組と専科（舞踊、演劇、ダンス、声楽）で編成されており、生徒総数（一九九〇年現在、宝塚歌劇では女優とは呼ばず全員生徒である）三百六十名にのぼる。

これに付設の宝塚音楽学校

（前身は文部省私立学校令に則り、一九一九年に設立された宝塚音楽歌劇学校）があり、毎年四十〜五十名の生徒を募集している。「東の東大、西のタカラヅカ」といわれるほどの難関を突破し、予科、本科の二年の修業課程を卒業すると、四月に宝塚大劇場で初舞台を踏み、研究科一年生となり、その後各組に配属される。

宝塚歌劇は阪急によってつくられ、いまなお阪急によって直接経営されている。最近の「ベルサイユのばら」上演による爆発的ヒットがあっても独立採算は難しいと聞くが、この宝塚歌劇の発展と活躍は、阪急・東宝グループにとって、今日までどれほど大きな貢献をしてきたかはかり知れないところがあろう。つまり、企業としての文化戦略という面でも最も成功した先駆的な事業として改めて注目される。

さきにふれたように、もともと、宝塚パラダイスの室内水泳プールの失敗による転用から企画されている。閉鎖されたプールの脱衣場を舞台とし、水槽の全面に床を設けて客席として利用し、当時大阪の三越が人気をとっていた少年音楽隊を真似て、少女に唱歌を歌わせることにした。

その頃、学校教育のなかでも唱歌がよく歌われ普及しており、少女唱歌隊というのは珍しい上、経費面でも効率的と考えられた。

一九一三（大正二）年七月に、宝塚唱歌隊の一期生として歌の好きな十六名の少女が採用され、その指導者として東京音楽学校出身の安藤弘夫妻、高木和夫らが迎えられた。その秋には、さらに演出家の高尾楓蔭、久松一声を振付のため招き、第二期生四名を採用している。

結局、その年の十二月、宝塚唱歌隊を宝塚少女歌劇養成会と改め、器楽、声楽、和洋舞踊、歌劇について養成を受けさせた。

こうして宝塚少女歌劇は、当初は十七人の少女たちを選抜して、一九一四（大正三）年四月から開催された婚礼博覧会の余興として、その記念すべき第一回公演が行われた。当時はまた邦人オペラ運動はとかく高踏に過ぎるというので世評も芳しくない時代で、いかに大衆に受け入れられる歌劇をつくるかについては、慎重な準備と苦心が払われたようである。つまり、純西洋風オペラではなく、西洋楽器と日本調歌謡との素朴な和洋折衷方式でささやかな出発を飾ったのである。

大毎とのタイアップ

少女歌劇は、はじめの頃こそ初物喰いの大阪人にも珍しがられたが、その後は、折柄の第一次世界大戦のあおりによる不況も手伝って客足が少なくなり、無料にもかかわらずパラダイス劇場がガラ空きということもあったらしい。それは、宣伝不足やら偏見やらで、少女歌劇団の存在自体がまだまだ一般には知られていなかったことによる。

その苦境打開の手を差しのべたのが、大阪毎日新聞社である。

当時、小林一三とも親しかった大阪毎日新聞記者・村島帰之は、その著『小林一三』でその間の内部事情を次のように書いている。

この苦難時代に、宝塚少女歌劇団に深き理解と同情とを示したのは大阪毎日新聞社であった。これは、小林さんと、大毎の営業局長高木利太氏との三田以来の親友の間柄であったことにもよると想像されるが、恰度、その頃大毎が慈善団を創設し、当時まだ試みられないでいた救療事業を始めていたので、この可憐な少女歌劇を、新聞を通じて広く紹介する一方、大毎慈善団の資金を得るために、大阪毎日新聞主催の下に慈善歌劇会を、毎年末の行事として開催することとなった。

第一回の大毎慈善歌劇会は、宝塚少女歌劇が誕生したばかりのその年末、一九一四年十二月十一日より三日間、大阪・北浜の帝国座において、十五日には神戸新開地の聚楽館で開催された。

当時の『大毎』紙面をみると、一週間前から、連日かなり大きな扱いでカコミの社告や「ちょうちん記事」が出ていて、少女歌劇の紹介や宣伝に余念がない。

たとえば、「団員はいずれも近畿良家の子女の教育あるものを選び、これに音律的の教育を授け音楽と舞踊に熟達せしめたる上、初めて舞台に上したるだけありて、年齢の少きに拘はらず、何れも驚くべき巧妙なる技芸を発揮し居れり」などという文言もみえる。

公演は予想以上に連日満員の大盛況、大好評であった。『大毎』紙面でも、「新気運は作られたり、大成功の慈善歌劇会」の見出しで、このたびの大毎慈善団事業活動に対する同情に感謝の辞を述べると共に、今回の催しが、いわゆる興行的な物とは全くかけ離れて、「やがて必ず我が日本に勃興すべき歌劇の趣味を、率先して社会に紹介し得た」のであり、これも本社の喜びである、と書いた。

現に、それまでは「真面目な批評」の対象にもならなかった少女歌劇は、この公演の大成功でいわば新天地を開拓する可能性を見出したわけで、この社会的認知が、その後の少女歌劇の発展を加速したのは確かであろう。

大阪毎日新聞慈善団というのは、今日の毎日新聞大阪社会事業団の前身で、『大毎』一万号記念に、五代目社長本山彦一の発議で、一九一一（明治四十四）年八月に設立された。新聞社が本格的に社会事業に手をつけたのは、日本ではもちろん世界最初ともいわれる。

中心事業であった巡回病院の診療活動は、地道ながら市民の支持と共感を呼び起こし、活動の範囲や種類も次第に拡げ、新聞社による異色の社会福祉事業として世間から注目された。

その発足間もない大毎慈善会が、これも発足したばかりの少女歌劇を紹介、活用し、しかも一挙両得の成果をあげた。新聞社の異色の社会福祉事業と文化戦略としての少女歌劇のタイアップ作戦とがものの見事に成功した事実が面白い。

すなわち、大毎側は、慈善団の巡回病院活動のＰＲを一層進めることができ、その運営基金への援助も予想以上となった。

この好評に乗って、大毎慈善歌劇会はその後、一九二三（大正十二）年まで十年間毎年、歳末の恒例行事として帝国座、浪花座、中央公会堂等、観客の増加に従って大きな会場へと移り、連続して行われた。

宝塚歌劇が誘客策の柱に

なお、宝塚少女歌劇が入場料（一等一円、二等五十銭）をとって公演したのは、この大毎慈善歌劇会がはじめてであり、入場料をとっても観客が集められるということに歌劇団関係者側は自信を深めた。

この社会的認知を契機として、企業や愛国婦人会、あるいは医科大学等の慈善会にも招かれて出張公演も行うようになった。

小林一三も自叙伝で、宝塚少女歌劇が、時代の新興芸術として、その真価が広く世間に認められるようになったのは、大毎の支援と同情によるものと感謝の意を表している。

こうして『大毎』の宣伝力の力を借りて宝塚少女歌劇の存在は、大きくクローズアップされてきたわけだが、同時に演技の向上や演出面での工夫・発展ともあいまって、宝塚パラダイス劇場の入場者数は、年を追って増加した。つまり、宝塚への来遊客のうち、歌劇をみたくてやってくるお客が断然増えてきたのである。

博覧会の単なる余興として始まった少女歌劇が、誘客の主要な柱として成長したのである。

三つの成功要因

宝塚音楽歌劇学校（一九四六年に宝塚音楽学校と校名変更）の創立が正式に認可され、当時専務取締役だった小林一三が初代校長に就任したのは一九一八（大正七）年のことだ。この年二月には、箕面電車は阪急急行電鉄㈱と社名変更（略称、阪急電車）し、五月には、念願の帝国劇場で五日間、宝塚少女歌劇東京初公演を行っている。

この初公演は連日満員という予想外の好評を得、以後しばらくの間、年一回の帝劇公演が恒例となった。これに自信を得て、一九二八年からは歌舞伎座や新橋演舞場などで、東京宝塚劇場設立計画のためのいわば実験公演を行ったが、いずれも好評だった。

一九一九年には、宝塚新温泉の入場客はほとんど宝塚少女歌劇の観客といわれるほど人気も上昇し、従来のパラダイス劇場だけでは増加した観客を収容しきれぬため、箕面公会堂を移転、改築して本格的な劇場をつくり、収容人員を三倍に増やした。

その二年後の一九二一（大正十）年に、宝塚少女歌劇は二部制となり、花組、月組と分けて公演するほどの隆盛となった。

こうした宝塚少女歌劇の人気をつくり出した要因はすでにいろいろ指摘されているが、ここでは次の三点に注目しておきたい。

学校設立による人材戦略

ひとつは、宝塚音楽歌劇学校の設立であり、この学校教育システムによって、常に新鮮な出演者層を確保することができ、才能ある生徒を自前のルートで発掘し、養成することがより容易になった。

これは、その後、阪急百貨店が得意とした自社ブランド製品を「どこよりも良い品を、どこよりも安く」供給する発想と相通じていよう。毎年毎年、フレッシュな新人を登場させることで、人材の新陳代謝が自ずと促進される。

しかも、全員生徒という資格だから、飛びぬけた額の給与や契約料からも免れ、経営上人件費の負担を比較的軽減できる、というメリットも推測される。

そして何よりも、すぐれた指導者たちが多数就任することにより、養成カリキュラムも充実し、技芸の向上が全体としても一段と進展し、世界的に通用する芸術集団としての実力を身につけたこと、等があげられよう。

あくまでも少女歌劇

宝塚少女歌劇が成功したもうひとつの要因は、その大衆芸術路線の貫徹にあろう。つまり、本格的なオペラではなく、あくまで少女歌劇であることを徹底させたという点にあるのではないか。

本格的なオペラは、時の財界の巨頭渋沢栄一が大金を集めて建てた東京帝国劇場でさえ、まだ好評を得られず、少数のファン層しか開拓できない時期である。まして、それと同じようなものを宝塚のような辺ぴな地域でやって当たるはずはなく、とても採算に乗るものではない、と見通していた。

初期の頃の出し物は、いずれも「学芸会に毛の生えた程度」の誰にも楽しめる「お伽芝居」風のものが多かったということもあり、とくにインテリ層からの少女歌劇への偏見や中傷や嘲笑が発足当初から絶えず投げかけられてきた。

たとえば、宝塚の少女歌劇なるものは、要するに、西洋楽器を応用した源氏節手踊りである。あるいは、作曲にしても、木に竹をつぐという範囲を超えて、木に石をついで平気でいる。そもそも、日本の舞踊と西洋のダンスは到底調和すべき性質のものでない、といった非難である。つまり、「学芸会的」「アマチュア的で非芸術」「男声を欠く歌劇は不自然で変態的」といったののしりである。

こうした「味噌とバターの不調和」といった批判に対して、小林一三は、少女歌劇は理想とする国民劇への過渡期の産物であり、物には平凡の非凡があるごとく、矛盾の快感や未成品の妙味と、刻々と変化する行程そのものに、捨てがたい価値がある、といなしている。

いいかえれば、宝塚少女歌劇は、いわば「仁丹芸術」であり、「味の素芸術」であり、「キャラメル芸術」である。そうした商品価値のある普遍的菓子でありたい、というわけだ。

しかも強き酒に酔ふことを好む人は不平であるかもしれない。然しながら美しい香りのアイスクリーム、軽く甘いソーダ水など、快心の笑を含みて満足する害のない娯楽を喜ぶ家庭本位の大衆を標準とする時、私は永久に平凡であり、或時は、旧式に、却つて勧善懲悪の教訓的態度を以て、「大劇場芸術」といふ興味中心の陣営を守護したいと思つてゐる。（小林一三『私の行き方』）

一三はまた、少女歌劇を（旧制）中学校の教科書ぐらいと見立て、「子供本位の朗らかなものは大人が嫌ってもお婆さんに向かなくてもやりたい」といい、それも大概四年くらい観れば、あんなもの馬鹿馬鹿しいということになる。そうなれば、その妹や弟に来てもらえばよろしい。年中新陳代謝して、そこで芸術の思想が養われる、とも語っている。

劇場経営の合理化

一九二四（大正十三）年には、小林一三がかねてから抱いていた大劇場主義を実現する四千人収容の宝塚大劇場が竣工した。

これは、できるだけ安い料金で家族揃って楽しめる劇場、「明るく、心持ちよく朗らかなる娯楽機関」としての劇場への改革である。少女歌劇の大衆芸術路線をいわば劇場経営の合理化、常識化によって実現しようというものであった。

その経営法は、平凡にして常識的である。すなわち、「特に劇場なるが故に、別世界の風俗習慣を寛裕してきた道楽商売から、普通のビジネスとして営利会社の本質に立帰らしめんとする」ものであった。

この基本方針は、宝塚新温泉の営業政策にも徹底していた。

たとえば、新温泉の食堂経営でもできるだけ市価より安くおいしい料理を心がけた。また、園内に大阪の有名食べ物店や名物料理店の支店を出店させた。いわば名物有名食堂街のはしりであるが、その経営法がユニークである。

当時、浪速名物の「鳥菊」の親子丼と出雲屋の鰻丼も出店していて、しかも園内では、これらの有名店に市価十五銭の親子丼は十二銭に、鰻丼は三十銭のものを二十五銭で売らせて大評判となった。

他の遊園地とちがって、園内商売につきものの高い権利金を無料とし、改装費を補助し安い歩合制にしたので、市価より安く、うまいものが提供できたというわけである。

あるいは、歌劇見物のお客めあてに、お土産用の「宝塚少女歌劇石けん」を市価の三分の一の安価で売り出し好評を博したエピソードもよく知られている。これも自社ブランドの商品を大量仕入れ大量販売で廉価販売するという、スーパー方式の先駆的成功例であった。

これら大衆本位の目玉商品を開発することで、往復の電車賃を払っても、安くてうまい食事をとり、温泉と歌劇を楽しみ、遊園地に遊んで割安なお土産を買って帰る、といった庶民の満足感をまさに「明るく、心持ちよく朗らか」に演出したのであった。

関係者を欧米へ派遣

宝塚少女歌劇が成功した第三の要因は、演出家や作曲家、事業担当者ら指導者たちを思い切って次々に欧米に留学派遣し、その成果が見事に結晶した、という点にある。人材育成の重視であると共に、新情報入手のための積極策の成果である。

小林一三が「大劇場による国民劇創成」の構想を明らかにしはじめるのは、一九二一（大正十）年春頃からである。

この大劇場構想の具体化のために、一三は次々と部下たちを欧米に派遣し、準備を重ねている。

たとえば、一九二一年三月に当時の宝塚理事・吉岡重三郎を劇界視察のため渡米させ、一九二三年五月には、作曲家の高木和夫を音楽研究のため欧米へ出発させた（翌年十一月帰国）。一九二四年に竣工した宝塚大劇場にふさわしい新しい演出企画の勉強を兼ねて、岸田辰弥を欧米外遊へと送り出したのは一九二六年一月のことだった（翌年五月帰国）。

この岸田の帰国第一作が、わが国で「レビュー」と銘打たれた最初の作品『モン・パリ』（高木和夫作曲、白井鐵造振付、一九二七年）である。

この作品は、中国、セイロン（現・スリランカ）、エジプトを経てパリへ旅した思い出をレビューでたどるという構成で、そのなかで奈良美也子が歌った主題歌、「うるわしの思い出、モン巴里、我が巴里」が大ヒットとなり、レコードが約十万枚も売れたといわれるほどの圧倒的好評を博した。

幕間なし十六場のスピーディな場面転換、肢体の美しさを奔放に誇示するラインダンス、そしてタカラヅカのフィナーレにつきものの階段くだり（『モン・パリ』では十六段、現在は二十六段）もこの時が最初といわれ、いわゆる「パリもの」の先駆的作品となった。

ついで、一九三〇（昭和五）年五月にパリから帰国した白井鐵造（一九二八年十月から外遊）が、その年八月の月組大劇場公演のひとつとして帰朝第一作のレビュー作品『パリゼット』（高木和夫作曲）を書いたが、これも宝塚はじまって以来といわれる一大ヒット作品となった。

以後、『ローズ・パリ』『サルタンバンク』『花詩集』とつづく「白井レビュー」の代表作が次々と生みだされ、宝塚レビューの第一期黄金時代を築いた。

とりわけ、『パリゼット』の爛熟（らんじゅく）したパリのレビューをそのまま持ちこんだ舞台には、日本中が強烈なショックを受けたといわれる。ピンク・ブルー・白というトリコロールを基調とした衣裳の色彩の美しさ、華麗な大階段のフィナーレ、『すみれの歌』などパリの音楽と巧緻な舞台照明、それに、ダチョウの羽根の豪華な飾りや新時代の化粧法、いずれも白井鐵造がパリから持ち帰った帰朝土産だった。

宝塚レビューによる東京進出

『モン・パリ』『パリゼット』とつづく大ヒットと、主題歌となったシャンソンの大流行で、宝塚少女歌劇は一躍全国的名声をとどろかせ、その後の東京進出の下地をつくった。

歌劇公演のための自前の大劇場建設を軸として、東京都心に、浅草とはちがった「家庭本位」の「朗らかで、明るく清新な」アミューズメント・センターを築くというのが、小林一三の年来の念願でもあったわけだが、阪急による㈱東京宝塚劇場創立は一九三二年に実現し、一三はその取締役社長に就任した。

東京へ進出した宝塚が東宝である。

阪急電車と宝塚経営を軌道に乗せ、実業家として実力を蓄えた小林一三が、東京進出によってさらに新たな宝塚戦略を展開してゆくことになる。

その第一歩が、会社設立二年後の一九三四年正月、東京における大劇場、東京宝塚劇場の竣工であった。

一三は、その準備の一環として、人材をスカウトしたり、宝塚少女歌劇が上京公演のために必要な寄宿舎を芝公園近くにつくったりしている。

当時の東京の住宅地は、特に震災後は郊外へ郊外へとのび、山の手や郊外に住む人々にとっての新しい遊び場、娯楽街が求められていた。

一三らは、国電有楽町駅の乗降客数や日比谷から銀座への人の流れを綿密に検討した結果、日比谷交差点でも一日二十万人の通行人があることがわかった、という。

そこで、新しい東京の盛り場は、銀座に近くて丸の内オフィス街を控える日比谷以外にはない、と目をつけたのだ。

一三は、一九三四年に阪急電鉄の方は社長を辞任し、会長に就任しているが、これは、一九二七年に東京電燈㈱（現・東京電力）再建のために乞われてその取締役に就任し、三三年には社長となり、東京に実業の拠点を置いたためである。

この東電の副社長時代に、日比谷の一角にあった東電の地所千二百坪を公正に入手し、この土地を中心に、念願の「朗らかに明るく遊べる」「家庭本位」で「清新なる娯楽街」をつくりあげた。

東京宝塚劇場ができた一九三四年には、東宝劇団結成にも乗り出し、日比谷映画劇場も開場となるが、これは当時としては画期的な、入場料五十銭均一という低料金の洋画上映館として人気を呼んだ。翌年には、日本劇場を東宝経営とし、有楽座を開場、一九三七年には東宝映画㈱を創立、東宝はその年帝国劇場㈱も吸収合併している。

こうして、小林一三は、矢つぎばやに都心の新しいアミューズメント・センターを丸の内・日比谷・有楽街としてつくりあげ、「東宝劇場チェーン」(一九三五年に横浜、京都、名古屋にも東宝劇場開場)や「東宝映画」の配給網を確立し、大衆芸能の浅草、芝居の築地と並ぶ、東京の新名物、新名所となった。

東京でも「大衆本位」を徹底

とりわけ、「宝塚レビュー・花詩集」を出し物に始まった東京宝塚劇場の開場は、「あくまで大衆本位の明快な東宝式興行法」として話題を呼び、それまでの老舗・松竹方式とは対照的な興行方法の合理化であり、劇場経営の独創的革新であった。

一三らにしてみれば、すでに宝塚大劇場で実施してきた「大衆本位」方式を、ここでも徹底させたというにすぎない。

その第一は、「連中の廃止」である。要するに、望む日の切符が誰でも自由に、その日でも買えるようにしたことである。いまではごく当たり前の切符入手方式だが、松竹独占時代にはそれができなかったのだ。

その二は、料金の引き下げである。松竹方式の花柳界と直結する芝居は入場料が高くてめったに行けない。特定の富裕層のみに許された芝居見物だった。それを東宝は、従来の半額とした。しかも冷暖房だけは松竹に先駆けて設備をしたから、快適な観劇が楽しめるようになった。

第三は、劇場内への入口や見物席の椅子の質を平等にしたことが特筆される。等級による差別をなくし、誰でも同じように扱われるという思想の具体化のひとつだ。

その後、工業地帯の労働者およびその家族、それに市川、船橋、千葉方面に住む人々のためにと、工場センター娯楽街として江東楽天地（遊園地や映画劇場）などもつくられるが（一九三八年）、これら一連の新しいアミューズメント・センターづくりは、東京における宝塚戦略の新たな展開による余波ともいえよう。

つまり、花・月・雪の三組に増えた宝塚少女歌劇の余力を交代で東京公演へふりわけるための常設劇場として、東京宝塚劇場を設立。その少女歌劇の公演のない時期を埋めるために東宝劇団をつくり、また古川ロッパやエノケンら人気喜劇人をも抱えこんだ。さらに彼らの人気を活用して映画製作にまで発展し、東宝となることによって、その映画の配給・上映のための映画劇場を増やし、全国に直営館をチェーン化していった。

まさに、いもづる式の宝塚戦略の展開であり、遊楽・情報空間やソフトの効率化、合理化をめざした複合的活用の成功例となった。

2　情報・文化空間の創出

本邦初、ターミナル・デパートの登場

私鉄のターミナルにはどこでも百貨店がある、というのは、今日ではごく普通のことだが、ターミナル・デパートをつくったのは阪急電車が日本ではじめてである。

現在の阪急百貨店は、一九二九（昭和四）年の第一期ビルから一九七二年の第八期ビルまで、増築を重ねてできあがったもので、店舗面積、売上高とも日本有数の大百貨店となった。

そういえば、三島由紀夫が流行作家として地位を固めたといわれる長編小説『愛の渇き』（一九五〇年）の書き出しは、阪急デパートでの買物の描写で始まっている。

　悦子（えつこ）はその日、阪急百貨店で半毛の靴下を二足買つた。紺のを一足。茶いろを一足。質素な無地の靴下である。

　大阪へ出て来ても、阪急終点の百貨店で買物をすませて、そこから踵（きびす）を返して、また電車に乗つてかへるだけである。

ここで描かれた百貨店は、一九三六年完成の第四期ビル（東館）で、この小説は、その頃の阪急宝

塚線沿線を舞台にくりひろげられる〝情念の悲劇〟ともいうべき作品であった。

阪急では、一九二〇（大正九）年七月にその後の幹線となる宿願の神戸線本線が大阪・梅田から神戸・上筒井駅まで開通し、伊丹支線（塚口―伊丹間）も営業を始め、翌年には、西宝線（西宮北口―宝塚間）も営業開始した。この頃には沿線開発も急速に進展し、ターミナルの梅田駅も乗降客で混雑をみせてきた。

その年十一月、梅田駅に隣接して阪急ビルディング（旧館、五階建て）を竣工、その二階に乗客向けに大衆食堂を開設、三～五階を事務所とし、一階は白木屋に貸して日用雑貨を販売させた。

小林一三は、早くから電鉄それ自体があげうる利潤には限界もあり、公共事業としての性格上金もかかり、利益も少ないと自覚していた。むしろ、それに関連する事業に着眼すべき、という発想である。

　鉄道が敷ければ、人が動く。人には住宅もいる。食料品もいる。娯楽機関も社交機関もいる。それ等は自由競争である。其処に金儲けの途を考えるのが、鉄道事業をやる人の特権じゃなかろうか。（高碕達之助「小林一三さんを偲ぶ」『小林一三翁の追想』）

つまり、電鉄事業の副業として、日用品販売やデパート経営も、乗客を集めうるロケーションをもつ特権から、当然、電鉄資本がそれに着手すべきものとして準備をしていた。

庇（ひさし）を貸して母屋（おもや）をとられるという話があるが、一三は、いまに必ずこの種の電鉄の副業なるものが電車を育成する時代が来る、とも予想していたのである。

そのため、欧米先進国のデパートと交通機関の発達との関係や、内外の百貨店の動向に強い関心を払い研究調査を進めた。

調査の結果、たとえば、東京の各百貨店は、そのいずれもが相当の顧客を集め、莫大な売上高を示している。しかもその多くは、自店と主要駅との間を乗合自動車で連絡し、客を送迎している。客の便利のために送迎自動車サービスは仕方ないが、いかにも無駄だ。そもそも送迎サービスの必要は、店舗が客の集散する主要駅から遠く離れていることに起因している。

送迎バスを無料で運転しても儲かるなら、これをひとつ、自分の電鉄事業と結びつけたらどうだろう、と一三は考えた。

私どもの阪神急行は毎日十二、三万人の乗客を持つてゐる。この乗客の全部が買物をする訳ではもとよりないが、それでも煙草を買ひ、昼食を食ふぐらゐのことは誰でもするだらう。それには此処から自動車で各自の百貨店へ行くよりも、此処で用事が足りるやうな百貨店を新設するに越したことはない。(『私の行き方』)

その後の経緯はよく知られているように、はじめは慎重を期して白木屋に実験的にやらせ、その実績に自信を得て、一九二五(大正十四)年白木屋とのそれまでの賃貸契約が満了したのを契機として阪急ビルに直営マーケットを開業した。二・三階はマーケット、四・五階は食堂とした。

日本最初のターミナル・デパートである。この開業は小規模ながら沿線乗客に大いに受け、すぐに売り場が足りなくなったので、阪急ビル（新館）第一期工事に着手。

一九二九（昭和四）年四月には、御堂筋正面に地上八階、地下二階の第一期ビル工事を終え、阪急マーケットは発展的に解消、「阪急百貨店」となった。売り場面積も大きく拡大され、本格的なターミナル・デパートへと展開された。

どこよりも良い品を、どこよりも安く

この初のターミナル・デパート・阪急百貨店の戦略・戦術には、実に多角的で斬新なアイデアがたくさん盛りこまれ、実践されている。なまじ暖簾（のれん）や伝統がないことが逆に新しい商法開拓に幸いした。

まず、直営阪急マーケット開業をめざして周到な事前調査や準備が重ねられた。すなわち、準備委員会委員長をアメリカの百貨店調査に出張派遣したり、在阪の百貨店調査や他私鉄の乗降客相手の商店やら電車終点に位置する各食料品店などを対象に綿密な調査が行われた。

その結果、たとえば大量販売の見込めるものはできるだけ安くするため直営製造とするよう研究開発を進めた。最上階に食堂をもってきたのも新企画で、これは食事をしながら大阪市内を一望できることで快適な気分を満喫することができ、食後は商品展示を目にしながら下りて帰る、という点を狙った。

また、発足当初から食堂中心の百貨店経営法を採用したのも珍しく、ターミナル・デパートの特色

を活かしたものといえる。阪急食堂は、宝塚新温泉時代から、「清潔で、安くて、おいしい」がモットーで、阪急デパート開業後も、食堂は豪華で広く清潔にし、しかも大衆料金で提供したので、わざわざ遠くから名物となった阪急のライスカレーやランチを食べに来る人が増えた。

八階建ての新館ができると、最上階の八階を洋食堂、七階を和食堂と中華食堂とし、まず、お客を上にあげる戦術をとったのもデパートでははじめての試みだった。

阪急デパートは、三越や大丸などの呉服店から大きくなった他店とちがって、当初は高給呉服は扱わず、雑貨、食料品をはじめ、その他家具、小間物、玩具など沿線居住者の家庭用日用品に重点を置いた。いわば、雑貨本位、実用本位の新しい百貨店として出発したのも新鮮だった。

開業の店是が「どこよりも良い品を、どこよりも安く」であったところなど、今日のスーパーマーケットや生協のスローガンを先取りした形であった。

ただし、他店のように、特にある商品を犠牲にして他と競争するようなことは避けた。これが過ぎると、小売商を直接圧迫するからである。こんなところにも、小林一三の「共存共栄」の思いが行き届いており、それが大衆的支持を得た一因でもあった。

そこで考え出されたのが、阪急独自の自社ブランドないし自家製方式の積極的開発である。

価格競争の前提として、各種の直営工場から自前の農場や養豚・養鶏場までつくり、「自分の工夫で、自分の設備で製造した商品」を「どこよりも安く」大々的に売り出し、歓迎された。

たとえば、まず、従来から好成績の直営製菓工場を拡充したが、製品の種類を少なくして、「安くておいしい」特色あるものの量産を基本とした。

一方、ワイシャツなどの直営雑貨製造所も設立、次第に製品の種類も増やし、それに応じて工場も拡大した。そうした直営工場の発展が、今日の阪急共栄物産㈱などの関連事業グループの成長をもたらしている。

ターミナル・デパートの狙いは見事に当たり、阪急百貨店は開業当初から沿線居住者ばかりでなく、大阪市内の顧客や勤め帰りのサラリーマン等の歓迎を受け、世界的不況の中にもかかわらず順調な発展をみせ、二年半後に第二期工事を、その一年後には第三期の増築を完成して、一大百貨店へと成長した。

いろいろな新しい試みをしているが、たとえば、開店三周年記念には、五十銭均一大売り出しや第一回阪急沿線物産宣伝即売会を開催している。

後者は、沿線各地の農・工産物を集め、各郡農会（今日の農協のような機関）の後援を得て大々的に陳列即売したもので好評だった。沿線住民との生きた交流ともなり、住民側との「共栄」戦略のひとつとしても注目される。

そのほか、当時、百貨店でははじめての古美術品売り場を新設し、正札販売したことも画期的といわれ、画廊、理髪店、薬房などの開設も珍しい企画だった。

とりわけ、一階に無料の阪急健康相談所（一九三四年）や大阪・阪急内郵便局（一九三七年）を新設したり、六階には阪急結婚相談所（一九三五年）を開設するなど、単に物を売るだけでなく、生活の多角的なサービス活動をも試みていることが特筆に値しよう。

つまり、百貨店が、定価制のような合理的なマス・セール方式の導入など、物の売り方を多彩に演出することで、都市大衆消費の様相に大きな影響力を発揮するようになり、同時にまた、コミュニティの多くの日常生活機能をも代行しうるメディアへと成長した、ともいえる。

さらに、一九三四年から阪急ビル内に、地方の小売商を対象とする卸売業の「大阪物産館」を開設したのもユニークである。

阪急デパートが仲介して、大阪の物産流通を全国的に展開しようという、いわば小さな商社的機能の発揮であり、ひとつには百貨店と小売商との形をかえた「共存共栄」策でもあった。

「大阪物産館」からの仕入れが、なぜ「日本一安く良い道理」なのかを、次のようにあげている。

一、阪急の副業である。
一、家賃も出張費もいらない。
一、現金即売主義で手数がかからない。
一、多数の直営および傍系工場を持っている。
要するに経費がかからないからお互いが利益を得るというわけだ。

情報・文化空間としての位置づけ

最後にもうひとつ、阪急デパートの新しい試みのひとつは、欧米の一流百貨店に肩を並べるほどの豪華さを誇る建築であり、御堂筋の正面に建つ阪急百貨店ビルディングの威容は、大阪キタの新しい名所ともなった。

とくに、一階のコンコースには伊東忠太博士の設計による優美なアーチ天井を造り、その天井には東西両端に日、月を配し、四隅に青龍、朱雀、白虎、玄武を配した。

この風格あるコンコースの素晴らしさは今日の阪急デパートの建築空間にも受けつがれているが、外観、内装の豪華さは日常生活とは異質な消費、レジャー空間といったイメージを現出させた。

客の視線を集めるための装飾装置の拡充に対応して、はじめは敬遠していた高級呉服部も設け、画廊、古美術、貴金属部もそろえ、それに各種の展覧会、陳列即売会等を常設の催し物会場で連日開催する方式も積極的に取り入れている。

こうした装飾装置やイベントの配置によって、デパートは単なる物を売る大商店ではなく、「見る場所」であり、何も買わないで回って見るだけで、視覚的な快楽と新しい情報を提供してくれる遊楽・消費の「情報・文化」空間となったのだ。

高山宏（『パラダイム・ヒステリー』）によれば、世界最初の本格的百貨店であるボン・マルシェの中央の吹き抜けのことを「大殿堂」と呼ぶそうだが、そうした一種崇高なイメージに包まれた演劇空間としてのデパートは、一瞬、日常空間とは遮断されるという効果もある。

無数の商品に囲まれた明るい異界となるのである。その意味で、デパートは多数の人々が自分の日常の場から出て、さまよい歩く真昼の盛り場となったのである。

小林一三は、阪急デパートを駅からはき出される大量の乗降客をそのまま吸収する新しい都市消費空間として、とりわけ女性や家族揃っての新形式の余暇・文化空間として計画し、そのように実行に移したともいえる。

ターミナル・デパートの大食堂は、日常の場を出て、家族揃って楽しめるはじめての気軽な都市施設の意味をもった。また郊外住宅の定着と発展につれて、郊外での昼の時間の自由を手にした女性たちは、いきおい新しい遊楽・消費空間としての百貨店を往復するようになり、主客となった。

かつて欧米において、デパートがレジャーをもった女性たちの恰好の暇つぶしの殿堂として歓迎されたように、日本では、ターミナル・デパートの出現によって郊外で生活する女性や子どもたちの新しい昼の盛り場となったのだ。

阪急デパートも商品の陳列や装飾装置を整え、各種展覧会やらあらゆる生活関連サービスや教室活動など、さまざまな催し物を用意して女性たちを迎えたのである。

これらは、いわば企業による文化の商品化戦略の先駆であり、このアイデアはその後、百貨店経営のモデルとなった。いま話題の東急文化村やセゾン美術館なども、もとはといえば、この発想の延長線上にあるといえるのではないか。

ターミナル・デパートとしての阪急百貨店の成功は、その後全国の私鉄に大きな影響をおよぼしている。

大阪では、たとえば南海電鉄は一九三二年に、難波ターミナルに南海ビルをつくり、そのテナントとして南海高島屋を開店。また、翌年には、阪神電鉄の三宮ターミナルにそごう神戸三宮店が、一九三六年には、上本町ターミナルに大軌（現・近鉄）百貨店が開店している。

東京でも、東武が一九三一年に従来の浅草（現在の業平橋）から隅田川を渡って浅草雷門（現在の浅草）の大ビルディングへターミナルを移し、百貨店を開設している。

また、一九三四年には、東横電鉄の渋谷ターミナルも七階建ての百貨店に改善され、東横百貨店として開業している。

ちなみに、この東横百貨店（のち東急百貨店）の経営のノウハウは、すべてにわたって阪急百貨店の指導によったと五島慶太自身が書いている。

「〔前略〕実業界に入ってからはほんとうに相談相手にしたのは篠原（引用者註・三千郎）と小林一三だけだ。終始一貫して智恵を借りて自分の決心を固めたものは、小林一三だ。百貨店も全く小林の智恵により、阪急百貨店と同じようなものを作った。〔後略〕」（五島慶太『七十年の人生』要書房）

住宅地経営に着手

小林一三は、箕面電車の開業に先立って、まずふたつのことに着眼し実行した。しかもそれらは、電鉄の発展にとって不可欠な複合的な事業であり、まさに事業の両輪としてとらえていた。ひとつは、新しい電鉄事業を進める目玉としての沿線開発であり、田園郊外住宅地の経営である。もうひとつは、すでに述べたように、他の多くの寺社参詣電車のような強みをもたない郊外遊覧電車として、特色ある付帯事業の積極的開拓であり、それらはやがてターミナル文化の創造へと結実されていった。

『逸翁自叙伝』によれば、一三は、開業前、計画路線を大阪・梅田から池田まで二度ばかり歩いて往復したそうである。

これは、〝逸翁神話〟のひとつとして知られているが、その実査から、沿線の気候温順、山紫水明、風光絶佳に自信をもち、その土地や住宅の売り出しを先行させることにしたのだ、という。

私自身、阪急宝塚線の豊中に住んだ経験があるが、豊中とか池田といえば、大阪・梅田から急行でわずか十五分か二十分の便利な住宅都市である。いまでは、田園郊外といった自然や景観もすっかり変わって、団地や住宅街や商店街が密集し混在する京阪神の衛星都市であり、大ベッドタウンのひとつである。

ところが、八十年前の箕面電車開業前後は、当時の沿線人口もごくわずかで、たとえ電車が開通しても当面、運賃収入の増大はほとんど見込めなかった。

この会社は設立難で信用はゼロである。早晩解散される事と沿線一般の人達から馬鹿にされている。それを幸いに住宅地として最も適正な土地を安く買い集める。

　仮に一坪一円で買ふ、五十万坪買ふとすれば、開業後一坪に就いて二円五十銭利益があるとして、毎半期五万坪売って十二万五千円まうかる。（小林一三『逸翁自叙伝』）

電車開通後は、おそらく一坪五円にはあがる、という計算である。

実際、電車の開通を危ぶんでいた沿線地主たちから安く良好な土地を大量に買い集めることに成功したようだ。しかも、開通後、宅地は急激に高騰し、一三自身「予定以上にうまくやった」と回想しているほどである。

このデベロッパー戦術は、一般には運賃増収のため乗客を増やすのが目的といわれているが、長期的にはたしかにそうであっても、開業当初はそんな悠長な話ではなかった。

ともかく、沿線の土地・住宅経営で利潤をあげ、なんとか当面の経営危機を乗り切り、株主の不安を少しでもなくそうというのが、一三の開き直った算段であり、資金繰り策であった。

のちに箕面電車は〝みみず電車〟と悪口をいわれたが、これは、畠や田んぼの中ばかり走りまわる遊覧電車、という意味のほかに、土地を売って食うという皮肉もこめられていた。

その頃の沿線風景と思われる小林一三の句に次のようなものがある。

用杭に土地会社見る青田かな

菜の花や大大阪市三国町

〝みみず電車〟は畠や田んぼを土台にして、のっぴきならぬ地点から出発したのだった。

煙の都から田園都市へ

箕面電車では、一九〇八（明治四十一）年に『最も有望なる電車』という宣伝パンフレットを発行し、当時では企業PR冊子の先駆けとして珍しがられた。

翌年春に、沿線住宅地経営のため、池田に用地二万七千坪を買収。その秋、〝住宅地御案内〟『如何なる土地を選ぶべきか、如何なる家屋に住むべきか』という宣伝パンフも出している。「空暗き煙の都」から「田園趣味の模範的郊外生活」へとぶちあげた「池田新市街地」の売り出し広告である。

まず、当時の「煙の都」大阪の概況についてごく大雑把にふれておきたい。

十九世紀末から二十世紀初頭にかけては、日清戦争を経過した日本資本主義の大きな転換期といわれ、いわばテイク・オフ（離陸期）の段階から資本主義の成熟期へと発展した時期とみなされている。その先端都市であった大阪では、この頃から紡績を中心とする繊維工業が軽工業の花形として進展をみせた。さらに、造船業、汽車製造などの重工業や化学工業、あるいは官営の大阪砲兵工廠（こうしょう）など軍需工場も発展し、〝東洋のマンチェスター〟と自称するほどの一大工業都市へと変貌をとげた。

かつての船場の商人や道修町の薬種問屋の活躍に象徴される商都大阪から、無数の工場の煙突から吐き出される「煤煙の賑わい」をシンボルとする煙害の商・工業都市大阪へと大きく変わった。まさに、「水の都」から一転して、「煙の都」への変身である。

と同時に、急激な工業発展に伴う人口急増、住居密集と劣悪化、自然環境条件の悪化や社会問題の深化など、さまざまな都市問題が顕在化し、深刻の度を増した。

大阪の人口統計の推移をみると、日清戦争後の一八九六（明治二十九）年に五十万四千二百人だったものが――これを基準として――十五年後の一九一一（明治四十四）年には、百二十七万三千人で、約二・五倍増、二十年後の一九一六（大正五）年には、百五十万八千人と三倍増を示している。さらに、一九二五（大正十四）年には、二百十八万人へと急増し、一八九六年のなんと四倍増の人口となった。

その間、市域の面積も拡大されてはいるが、これほどの人口集中、居住密集が進めば、都市生活環境の劣化は必然である。とりわけ、急膨張した大都市の矛盾は弱い立場の階層にしわよせされ、一方ではスラム生活圏はますます拡大された。

他方、経済的に余裕のある階層の「煙の都」からの脱出願望も強められてゆく。郊外生活への憧れないし潜在的欲求は、市内の居住環境が過酷であった分だけ、東京に比べて大阪の方がより強かったといえよう。

そんな時期に、箕面電車が開業し、その沿線郊外への脱出を呼びかけたのだった。いわば、私鉄による郊外住宅地経営の成長と、大阪市内でのスラムの膨張と温存とは、ほぼ同時に対極的に進行した。

阪急ニュータウン第一号、池田室町

大阪都心から郊外住宅への移住は、はじめは実業家など主に上流階層の別荘・別宅という形で始まった。

明治末から大正期にかけ別荘地帯として発展した大阪市の南部や神戸の住吉、御影などがその代表例である。

こうした傾向に対して、小林一三は別荘族のぜいたくを批判し、これらは対象外として、むしろより所得の低い中流層の潜在需要をいかに引き出すかに狙いをつけ、期待をかけた。

「郊外に居住し日々市内に出でて終日の勤務に脳漿を絞り、過労したる身体を其家庭に慰安せんとせらるる諸君」、すなわち中流サラリーマンに向けての郊外移住への呼びかけであった。

一九一〇（明治四十三）年に、まず、猪名川を望む景勝の地・池田室町に住宅二百戸の小さな郊外コミュニティをつくり、大々的に売り出した。

これが、わが国における私鉄による田園郊外住宅地（ガーデン・サバーブ）経営の最初であり、池田室町はその記念すべき阪急ニュータウン第一号となった。

今日では、「分譲住宅」というと時に乱開発やら、いかがわしい建売住宅と誤解されやすく、マイナス・イメージで連想されやすい。

ところが、池田室町の場合、れっきとしたいわば自足したコミュニティをめざして計画された点に特色があり、単なる分譲住宅第一号でなかったところに意義があると思う。

池田室町は一番町より十番町、碁盤の目の如く百坪一構にして、大体二階建、五・六室、二・三十坪として土地家屋、庭園施設一式にて二千五百円乃至三千円、頭金を売価の二割とって残金を十ヶ年賦、一ヶ月二十四円支払へば所有移転する……。（『逸翁自叙伝』）

ここで注目されるのは、日本ではじめてといわれるローン方式の採用で、「大阪で借家するよりも安い月賦で買える立派な邸宅」と広告している。また、多様な需要に応えるために、ほかに貸家、即金分譲、貸地方式なども柔軟に取り入れ宣伝している。誰でも自分の家そして「家庭」をもてる、といった理想を経済的な可能性として具体化してみせたのである。

家屋の建築も一軒ごとにちがった個性をもたせ、洋館を混在させたのもひとつの特色である。その点、同型家屋を並列させるいまどきの味気ない建売り方式とは異なって余裕のある街づくりである。また大規模なモデル住宅展示会の趣きもあり、そこには、新しい郊外生活に伴う新しい「家庭生活」のイメージを現出させた。

気候、風景共によく、水質良好で学校も病院も完備、電信電話の便もある、と良いことずくめのうたい文句だが、これらのほかに、次のような「人為的設備」を加えたことが力説されている。

これらの内容には、明らかに当時の欧米で実践されていたいわゆる「郊外ユートピア」の影響も散見されて、興味深い。

一、完全なる道路を設け両側に樹木を植ゆること。

一、一戸建の家屋を建築すること。

一、庭園を広くすること。

一、電灯の設備あること。

一、溝渠下水等衛生的設備を十分ならしむること。

一、会社直営の購買組合を設け、物資の供給を廉売ならしむること。

一、娯楽機関として倶楽部を新築し、玉突台其他の設備を完全ならしむること。

一、公園及花樹園を設け花卉盆栽園芸趣味を普及ならしむること。

一、床屋、西洋洗濯等日常必要なる店舗を設置せしむること。

自足的コミュニティをめざして

これらの内容を総合してみていえることは、まさに従来の日本にはみられない新スタイルの自足的コミュニティづくりの提唱だということである。とりわけ、経営地内での購買組合や倶楽部の創設および下水道施設の整備は、先進的で斬新なアイデアだった。

こうした電鉄による「郊外ユートピア」構想は、小林一三自身認めているように、欧米をモデルとしたもので、ちょうどその頃に、たとえばイギリスでは、「郊外化による都市の救済」思想を反映した新都市計画法・一九〇九年法が成立して、改めて田園郊外のイメージをめぐる論争もくりかえされていた。

あるいは、イギリスの例でいえば、鉄道の発達で拡がった新郊外住宅では、すでに十九世紀から、家庭園芸の大衆化が急速に進み、庭と園芸の趣味がアメニティ、すなわち健康で快適な住み心地、美的で豊かな生活環境の主要な要素として認識され、そのシンボルともなっていた。

地域の購買組合や倶楽部の存在も、新しい協同社会としての郊外生活にとって、そうした相互扶助と親睦交遊の機会ともなり、住みやすさの欠かせぬ要件と考えられていた。

池田新市街計画には海外の動向や情報をいち早く取り入れ、自らの住宅地経営にできるだけ活かそうとしたわけだ。

購買組合・倶楽部は定着せず

ただし、斬新な試みのひとつだった購買組合は、今日の生活協同組合のような芽をもつものとして注目されるが、その種の組合方式にはなじみきれぬ人が多く、失敗した。ひとつには、生協活動のような住民側の主体的参加の余地が少なかったためではないか。

「娯楽機関としての倶楽部」という発想も目新しく面白い。

これは、経営地内の中心地点に倶楽部と購買組合の店舗を並べてつくった。「居住者の親睦を謀り、併せて娯楽の用に供すべし」という目的で二階が三十六畳の大広間、階下に玉突台、電話、碁盤、将棋盤などを用意した。そして、「雨の日のつれづれ風の夜の無聊を慰むるに足る」べく随意の使用に供したが、あまり歓迎されなかったらしい。

建物から推測すると、今日のコミュニティ・センターともいうべき団地の集会所の趣きだが、ビリヤードの設置はハイカラで、これが先端的すぎたのか。

倶楽部という名称にこめられた新市街の住民の「一致団結とその親睦交遊」という動機そのものが、肝心の住民側に希薄だったということである。一、二年はつづいたがやがて衰微して閉鎖された。『逸翁自叙伝』ではその点について、「これは郊外生活といふ一種の家庭生活は、朝夕市内に往来する主人としては、家庭を飛出して倶楽部に遊ぶといふのは余程熱心の碁敵でもあらざる限りは、矢張り家庭本位の自宅中心になるので、誠に結構な話」と述懐している。小林一三の主張でもあった家庭本位主義からいえば、倶楽部の設置は本来誤算だったということになるが、住民の多くがベッドタウンと割り切って、郊外の家庭にくつろぐことが楽しみで、地域での交流、交遊にまで積極的でなかったことのようだ。

新しい郊外での〝アメニティ〟への理想も、住民間の人間的なつながりやなじみが薄い段階では、倶楽部のもととなる自然発生的な交遊や社交の成り立つ基盤も弱いため、理想のまま終わってしまった。

あるいは、新しい「家庭生活」を求めながら、それが自宅中心、わが家主義の暮らし方をこえられず、郊外での「家庭」像も依然として日本的社交の枠内にとどまったことも象徴していよう。

もうひとつの失敗は、洋館新住宅である。西洋館好みの一三は、生活様式の洋風化に着目してその後の住宅地にも建てたが、〝畳〟に対する根強い執着心をもつ利用者との感覚とずれて売れ残ることが多かったという。

ただし、洋館を除くと、新しい郊外住宅地はいずれも売り出し早々に完売と好評裡に迎えられた。ひとつには、他社のような「棟割長屋」方式をやめ、モダンな新しい郊外生活のイメージを前面に押し出したことによる。

次々に沿線開発を実施

池田室町についでその東隣の地つづき満寿美住宅を、翌年には、箕面・桜井住宅、および豊中・服部住宅を売り出した。

大正期に入ると、豊中駅周辺の住宅地をより大々的に開発した（一九一四年）のをはじめ、岡本（一九二一年）、甲東園（一九二三年）、稲野（一九二五年）など沿線十ヵ所以上に次々と「理想の住宅地」としての郊外新市街をつくり出した。

こうした郊外住宅地の開発は、沿線の田舎のなかに、都会よりハイカラないわば「大阪離れした小市民的生活様式」の地帯をつくり出し、同時にそれに伴う新しい「家庭生活」のイメージをも提示していったのである。

阪急沿線特有の沿線風景について、阪田寛夫は次のように書いている。

それは入居したお客と、自然と、時代を半歩ほど慎重に先どりした作り手との合作というべきだろう。中でも最も阪急沿線らしい地帯として残ったのは、風化した花崗岩質の傾斜地や扇状地に出現した住宅街——地霊や民俗伝承といった有機的要素の洗い流された、真白な砂と岩と松の緑の色である、最もその条件に適うのが宝塚から神戸までの六甲山系の麓であった。（阪田寛夫『前掲書』）

こうした阪急による沿線の郊外住宅地開発の方式は、その後、関西の他の私鉄ばかりでなく、東京でも東急、西武をはじめ多くの私鉄資本によって踏襲され、現在の広大な大都市郊外を形成していった。事実、小林一三は一九二一年からは招かれて東京の田園都市会社や荏原鉄道（のちに目黒蒲田電鉄）の重役となり、田園調布をはじめ、いまの東急沿線住宅地の建設指導に当たったことはよく知られている。

小林一三はのちに、「沿線各方面に規則正しい住宅地の成立を見、郊外の気分に漂ふ愉快なる生活の出来る中産階級達の楽園を造ることを、資本家の事業として教え得た元祖は、私の会社であることだけは何人にも誇ることが出来ると信じてゐる」（小林一三「乗客吸集策と副業」）と、会社としてのその先駆的役割を強調している。

ただしかし、沿線開発の量的拡大が進展するにつれ、かつて掲げられた「郊外ユートピア」「中産階級達の楽園」の理想は、次第に後退を余儀なくされていったのも、否定できない事実であろう。

その後、戦前から現在（一九八九年度末）に至るまで、阪急電鉄がその沿線に開発した宅地分譲の総面積は、じつに、一千二百九十三万平方メートルにもおよぶ。

沿線人口は全線合計で、九百万人以上と推計され、京都、大阪、兵庫の三府県域に占める割合は、五四パーセントにも達し、一年間の阪急電車の輸送人員は、わが国人口の約六倍にのぼる勘定になる、という。

沿線への学校誘致

さきにふれたように阪急電鉄は、大阪や神戸から人々を郊外へ連れ出す装置として、宝塚新温泉や宝塚少女歌劇に代表される新しい行楽空間を創設し、また同時に沿線各地に「中産階級達の楽園」としての住宅地経営を成功させ、沿線から市内へ向かって朝夕往復する乗客も次第に増やした。

そして日中においても、前に述べたターミナル・デパートの登場によって沿線郊外から都心を目指して往復する乗客もかなりの程度確保できた。

さらに、沿線への積極的な学園誘致は、郊外から都心に向う通勤客とは逆方向の空の電車を埋める経営戦略として考え出された。

この学校誘致による乗客増強策は、電鉄や百貨店経営について小林一三の直接指導を受けたといわれる東横電鉄（現・東急）の五島慶太の方が、その取り組みは若干早かった形跡もある。

すなわち、五島は多摩川遊園地だけでは乗客の伸びが期待できないとみて、昭和のはじめ頃から、積極的に学園誘致による沿線人口の増加を試みている。結局、慶應義塾日吉台をはじめ府立高等学校（現・東京都立大学）、日本医科大学、第一師範（現・東京学芸大学）などの誘致を実現した。ただし、慶應の日吉への移転については、『慶應義塾百年史（中巻）』に、「この間、東京横浜電鉄株式会社の関係者の一人である塾員小林一三は終始好意的に斡旋につとめた」とあるところから、一三のアイデアや協力もかなりあったものとみられる（猪瀬直樹『土地の神話』）。

阪急でもほぼ同時期に、さきにふれた関西学院をはじめ、神戸女学院など多くの学校が沿線の新天地へと誘致された。とりわけ、戦後における学校・学生急増による定期旅客の拡大は目まぐるしいばかりであり、いまでは、阪急沿線全体に散在する学校数は数えきれないほどである。

これら学生の乗客数の多いこと、なかでも有力私立大や女子大、私立高校などのスクールカラーが、そのまま阪急沿線のイメージと互いに交錯しているところがある。

たとえば、関西学院のある今津線沿線だけでも、ほかに神戸女学院、聖和大学、聖心女子学院（小林）、報徳学園、仁川学院、甲子園大学など多くの学校が並列している。

参考までに、今津線以外の阪急沿線の大きな大学を思いつくままあげてみよう。

国立では大阪大、神戸大、大阪外大、大阪教育大（池田分校）など。私立では、北から順に、大阪医科大、追手門学院大、梅花女子大、関西大、大阪学院大、大阪経済大、大阪音楽大、英知大、園田学園女子大、芦屋大、甲南女子大、神戸女子薬科大、甲南大、松蔭女子学院大、神戸海星女子学院大、などなど枚挙にいとまがない。

これらの大学は、いまや「阪急沿線大学」とも受験界でささやかれるほどで、阪急の沿線文化圏の大きな拡がりを象徴している。

郊外への誘い

阪急による沿線開発のもうひとつの特色は、新しい観光名所づくり、新しいレジャー空間の創造であり、また、いかに乗客を郊外へ引き出すかの工夫がみられる。

開業当初の沿線最大の名所・旧跡といえば、前にも述べたように、大阪府から「天然公園」の指定を受けていた箕面である。その観光の目玉は、滝安寺を中心とする広大な森林地帯であり、「天然の美」のひとつである箕面の滝の景観や四季折々の野山の自然美、なかでも「箕面のもみじ」が看板だった。

はじめは、自然動物園などで人工的な観光開発を試みるが、それに失敗するとやはり、箕面の自然美の売り出しへと回帰した。ほかに名所らしい観光名所はなかったのである。

一九一三（大正二）年七月に創刊された沿線PR用月刊誌『山容水態』をみると、特別の強力な名所・旧跡をもたぬ箕面電車の苦肉ともいうべき誘客策がいくつも提案されていて興味深い。

沿線紹介も、それまでの絵葉書発行では不十分とみて、より説明的に親切な案内記事を多くしたのだ。

たとえば、夏ならば、「箕面の滝の飛沫、緑蔭の渓流」だけではいかにも迫力に乏しい。そのため、別のイベントが用意され、「武庫川の夜の鮎狩」「宝塚川開きと煙花競技大会」が新名物として企画された。

従来は無名どころか名所でも何でもない所に、何とか人目をひく観光イベントをつくりあげようとする発想は、宝塚新温泉や少女歌劇と大同小異だが、どんな小さなきっかけでも観光化しようとする意欲がすごい。

たとえば、秋となれば、「萩の名所、萩の寺」はじめ「秋草のさかりは、五月山、中山寺・山本附近」とアピールし、観月ならば新淀川、十三堤、猪名川原（池田）となる。あるいは、「土砂加持と牛馬祈禱会は清荒神」「彼岸会は仏眼寺、勝尾寺、中山寺」と神社仏閣も総動員態勢である。

あらゆる年中行事も寺社のイベントとセットにして、沿線を紹介する方式は、寺社の収益にとっても「共存共栄」の賜物であった。

冬ならば、「能勢の妙見山」であり、正月や節分にも各寺社は賑わいをみせた。

そして、春来れば、宝梅園や「梅花の村・米谷（まいたに）へ」と誘い、「菜の花やはなのよこれた牛か来る蝶夢」といった風景が紹介されている。

こうした単に新しい田園趣味の名所づくりや季節の行事案内ばかりでなく、郊外生活での健康管理のすすめや、「新家庭的趣味」としての「家庭園芸」の提案などは、まさに新しい行楽空間としての郊外へ誘い出す新戦術であり、その効用の強調であった。

この方式でいけば、沿線各地が何らかの快適な行楽空間として発掘できる。有名な旧名所・旧跡めぐりではなく、新しい行楽空間の発見のすすめであり、主体的参加こそ重要という小さな旅への誘いであった。

いってみれば、「郊外」というイメージそのものが行楽の対象として浮上したのだ。

たとえば、郊外への誘いとして「家庭的趣味」の充実をあげ、性年齢を問わず「普遍的でしかも高尚」なものは、室外運動（スポーツ）、音楽、家庭園芸の三つである、とすすめている。

特別に遠い寺社を訪ねるまでもなく、郊外に遊ぶこと自体がレクリエーションとして重要な意味をもつという提案である。

とにかく、まず郊外を散歩して都会や会社生活でのストレス解消が「健康長寿」によろしいというわけだ。散歩とか野山をぶらつくといった余暇行動が、日本人の経験にとって、まだ珍しい段階での先駆的「散歩」「山踏（やまふみ）」のすすめとして注目される。

一九二〇年代後半から三〇年代にかけて、すなわち、昭和初期になると、各地の私鉄の発達も著しく、また鉄道のスピード化に応じて全国的に大衆の旅行ブームが起こっている。しかも、それは御当地ソングや新民謡の流行によってつくられた「新名所」が人気となった。

あるいは、日本人の伝統的なステロタイプ的美意識で選ばれた箱庭的名所（たとえば、松島、宮島、天の橋立）から、もっと自由に新しい自然美に身をひたらせる行楽空間へと人々が向かい始めた。少なくとも、この頃から明らかに、従来の名所・旧跡主義は後退していく。そのことを象徴する先端的現象が、都市中間層による「郊外散歩」であり、ハイキングの流行であった。

阪急沿線での北摂周辺の山々への「山踏」や六甲山へのハイキングもその先駆的な一環として始まったといえる。

阪急沿線文化圏というのは、地理的には、大阪・梅田を南限とする北摂から神戸・灘、六甲にまたがる地域を中心に拡がっている。

北摂の山々や六甲山はすぐ眼の前にみえ、スピードを誇る阪急ではいずれもゆうゆう日帰りできるハイキング行程である。

たとえば、六甲山の開発は、イギリス人A・H・グルームを開祖とするが、阪急も阪神と並んでバスやロープウェイ（阪急による六甲ロープウェイは一九三一年開通）など交通網を整備し、あるいはホテル（六甲山ホテル）を設置している（一九二九年）。

いわば、六甲山をアルピニストのものだけでなしに、ふつうの市民大衆のレクリエーション地帯として飛躍的に発展させている。

大阪や神戸の人々は、休日には気軽に山の自然を楽しみ、日帰りできる新しい行楽空間を手にすることができた。あるいは、新しい郊外生活への憧れを、親子や友人とのハイキングやキャンプを通してわかち合うことが日常習慣となったのである。

メディアとの協力態勢

このほか、宝塚戦略の一環として多種多様なイベントを企画、活用して誘客策を展開しているが、スポーツ・イベントでは他の関連興行事業のように必ずしもすべてが成功しているわけではない。ただし、阪急（当時の箕面電車）企画による記念すべきスポーツの一大イベントといえば、全国中等学校優勝野球大会（現在の夏の高校野球甲子園大会の前身）の開催である。

その第一回大会を宝塚線沿線の豊中グラウンドで始めたのは、一九一五（大正四）年八月のことだった。この企画を大阪朝日新聞社にもちこんだ裏には、大阪毎日系とみられていた箕面電車が大阪朝日とはあまりうまくいっていなかったので、何とか関係改善のきっかけにしたいという狙いがあった。

申し込みを受けた大阪朝日はトップの決断で開催を決定、第一、二回は豊中グラウンドで行われた。ところが人気は上々で、予想を上回る五千人もの客が来場。この多数のファンをさばくには電車の本数も少なく、グラウンドも手ぜまになった。高まる野球熱に箕面電車は思わぬ収入を得たが、これをライバルの阪神電車は何とか自社の沿線へと誘致を画策し、大阪朝日の同意を得た。その頃、箕面電車は開業早々で資金繰りも苦しく、大阪朝日からの大球場への拡張や改造の申し入れに到底応ずることができなかったからである。

結局、第三回大会からは阪神沿線鳴尾球場へと移り、さらに一九二四（大正十三）年の第十回大会からは新設された現在の阪神甲子園球場に移された。

私がここで注目しておきたいのは、野球をはじめ「見るスポーツ」の大隆盛は、いずれももとはといえば、私鉄の誘客策と新聞社の読者サービス策、紙面の娯楽化・大衆化路線、そして販売拡張策とが密接に結びあってつくりあげたものだ、という点である。

阪急対阪神の会場やイベントの争奪戦も、かつての大阪における大毎対大朝の熾烈な競争関係とからみ合いつつ、両者共に、それぞれ重要な企業PR合戦と位置づけられていた。

単にスポーツ・イベントのみではなく、あらゆる博覧会、展覧会、音楽会等の新聞社との共催形式は、私鉄各社にとっていまでは系列デパートや遊園地をも巻きこんだ年中行事となっている。

そのほか、誘客策のためには、阪急はあらゆる集客案に着目しているが、プロ野球球団として、一九二四（大正十三）年二月に、職業野球団宝塚運動協会を設立している。これは、一九二〇（大正九）年に結成された東京・芝浦の「日本運動協会」という日本最初といわれるプロ野球チームが、関東大震災のため解散したのを、阪急が全部引き受けてチームを再編したものだった。

しかしこの宝塚運動協会も結局時期尚早もあって、一九二九（昭和四）年に解散、その後新たに阪急職業野球団が結成されたのは一九三六（昭和十一）年のことだった。最初のプロ野球ブームは、一九三四（昭和九）年の東京読売巨人軍の結成以後にもち越されており、阪急のプロ野球への着眼は十年以上早すぎたということになる。

阪急職業野球団（通称・阪急軍、のちブレーブス）の結成も、阪神電鉄がプロ野球チームをつくるという情報に対処して、急遽生まれたものといわれ、ここにもライバル意識による誘客競争の一端をみることができる。

日本で最初のダブルデッキ方式の阪急西宮球場ができたのは、一九三七（昭和十二）年五月だが、その年九月には、後楽園スタヂアムも竣工をみた。この㈱後楽園スタヂアム設立にも東京宝塚劇場は参画し、太平洋戦争までの一時期、事実上東宝が経営している。

西宮球場では、戦前は、プロ野球だけでなく、大学野球、相撲大会、博覧会などが開かれ、戦後は、第一回国民体育大会をはじめ阪神間では初公開の「南予闘牛大会」、大相撲、ボクシング、コンサート、演芸会など多彩な催しが次々と開かれた。

なかでも、井上靖の芥川賞受賞作品となった『闘牛』は、新大阪新聞（毎日新聞の子会社）主催の「南予闘牛大会」をヒントに創作したものといわれる。この「馬蹄形の巨大なスタジアム」である西宮球場を舞台に展開された作品としても記憶されよう。

また、一九五〇年三月から六月にかけて開催された朝日新聞社主催の「アメリカ博覧会」は、入場人員約二百万人という当時としては記録的な数字をあげ、戦後日本のアメリカニゼーションの口火を切った象徴的な大イベントとなった。

3　実業家、小林一三

宝塚戦略のプロデューサー

箕面電車から出発して、阪急・東宝グループへと発展させ多彩な宝塚戦略を推進し、実行した大プロデューサー兼オーナーが、小林一三（一八七三～一九五七年）である。

彼は実業家としての生涯を通して、今日みるような都市大衆消費の生活文化の原型をつくり出し、また新たな都市遊楽空間を創出するなど、現代日本人の消費パターンを大きく塗り替えた。

一三の実業家としての活動は、大正期から昭和初期の一九三〇年代までをピークとしているが、二十世紀初頭から後半にかけて、私鉄経営を軸として、日本の大衆消費や余暇・娯楽産業の新しい組織化を実現させた独創的な実業家であった。

すでに述べたように、私鉄の乗客誘致策として郊外住宅地開発と温泉、遊園地、動物園など新しい行楽空間の創設を連動させ、またその乗客めあてにターミナル・デパートを新しく開設するなど、沿線郊外全域を一種独特な新しい生活文化空間として組織化しようと考えたのである。

あるいは、誘客策の一環である婦人・子ども向け博覧会や宝塚少女歌劇などのイベント開催は、新聞メディアとの協力による相乗効果によって大衆動員を成功させた。

さらに、人気の出た少女歌劇を異色の大衆芸術へと育てることで東京進出を果たし、その常設館としての東京宝塚劇場を拠点に「丸の内有楽街」など、都心の新しい遊楽空間をも創設し、それらを東宝グループの発展へとつなげていった。

それらすべての宝塚戦略の総帥が小林一三なのであるが、彼の電鉄・電力および興行両面での成功の過程には、いろいろな試行錯誤もみられ、事業はまさに「胆大心小」に、慎重かつ用意周到な研究を重ねた上で実行に移された。

一三に関する伝記・評伝類は、戦前から今日まで数多い。後年には、「アイデア商法の天才」とか「夢の事業家」、あるいは「実業界の智恵者」とか機略縦横の「今太閤」、「日本で最もユニークな経営者」などと多くの讃辞が贈られている。

その独創的でかつ合理主義、現実主義の経営戦略は、単に企業経営の枠にとどまらず、今日的なメセナ（芸術文化支援）活動の先駆ともいえる新鮮さに彩られており、時代を超えてことあるごとに見直され、注目されてきたといってよい。

小林一三とはどういう人か。人物の全体像をとらえることは至難の業だが、ここでは当面、その略歴をざっとみておくことにしたい。

豪商の長男として生まれる

小林一三は、一八七三（明治六）年一月三日、甲州街道沿いの宿場町として知られる韮崎（現・山梨県韮崎市）の豪商「布屋」の長男に生まれた。その月日から一三と名づけられた。

生家の小林家は、酒造業と絹問屋などを営む地方名望家であり、また地主でもあった。経済的には恵まれた環境である。

ところが、母は一三が生まれた年の八月に急逝。同じ甲州の素封家である丹沢家から婿養子に来た父は、乳のみ子の一三と幼い姉を遺して実家へ戻った。そのため一三は本家に養われることになり、二歳で祖父の立てた別家の家督を相続している。

こうして「孤児同然に育てられた」ことが彼の人生観にどう反映しているのか。速断はつつしみたいが、一面ではその後の「家庭本位」「家庭第一主義」の強い主張とどこかつながりがあるようにも思える。

あるいは、山崎正和が指摘しているように、一三の場合、日本近代の知識人にありがちな「家」の抑圧、とりわけ「父親」の権威的な抑圧から自由に育ったという面も留意されよう。つまり、「彼が、繊細な文学的感受性を具えながら、しかもつねに健康な現実適応の姿勢を捨てることがなかったのは、こうした幼児の解放的な家庭環境が大きかった」（山崎正和「小林一三」『言論は日本を動かす』第10巻、講談社）のではないか、という。

父はその後、やはり甲州の素封家である田辺家に再縁し、その子が、七六（のち、衆議院議員、日本軽金属社長）、宗英（のち、後楽園スタヂアム社長）、加多丸（のち、勧銀常務理事、東宝社長）など（四男三女）である。これらの異母弟は、いずれものちに小林一三の関係した会社を引きついでいる。

慶應義塾大学へ

一三は、地元の小学高等科を出たあと成器舎という家塾に学び、一八八八（明治二十一）年二月に満十五歳で単身上京。時の新しい大学、福沢諭吉の慶應義塾に入学、まもなく本塾の寄宿舎に入った。十八歳の時に外塾と呼ばれた崖下の寄宿舎に移されたが、『逸翁自叙伝』では、「此頃から、私は学校の勉強がイヤになって、二十歳の冬、辛うじて卒業させて貰ったやうに、文学青年の空想的生活に終始した」と述べている。勢いその交遊も、いわゆる角帯型の義塾青年層でなく、「硯友社風のキザな青二才に伍して」いた、という。

この寮生活をはじめとする慶應義塾での先輩、友人との交遊は、その後の小林一三の重要な人脈のひとつとなり、実業家としての出発や事業の展開にもいろいろなつながりがみられる。

三田での学生生活はひとくちにいって余裕のあるものだった。その自由闊達で文化的なキャンパスの気風を満喫しながら、小説を書き、観劇にも熱中し、麻布の芝居小屋や庶民の盛り場・浅草へも盛んに通ったという。

ついには、『国民新聞』から劇評を依頼されたほどの劇通となり、また、当時起こった殺人事件に材を取り、小説「練糸痕」を執筆、『山梨日日新聞』に投稿、九回にわたって連載となった。これは、事件後短時日のことだったので、事件に関係があるのではないかと警察に疑われたため執筆を中止したが、小説家志望熱はますます高まった。

一八九二（明治二十五）年十二月に、一三は慶應義塾を卒業するが、当時『上毛新聞』の懸賞小説に田山花袋と共に当選し、「お花団子」という時代小説を連載していたこともあり、小説家志願のため新聞記者になることを志望していた。

ところが、先輩のコネを頼りに都新聞への入社のつもりが結局駄目になり、一転、三井銀行へ就職することになったのである。

三井銀行時代

三井銀行は、当時合名会社へ移る直前で、総長が三井高保、副長が理事の中上川（なかみがわ）彦次郎だった。中上川は慶應義塾出身で、この頃から毎年、慶應出身者から新社員を採用するようになり、小林一三も、文学上の先輩・高橋義雄の推薦で、卒業した翌年四月に採用されたのだった。

入社した一三は秘書課に配属されたが、どうせ地方支店へ転勤を命ぜられる慣らわしならと、大阪支店長をしていた高橋義雄に頼み、その年九月、同僚に羨まれながら大阪支店へ転勤となった。

これが、一三と大阪とのかかわりの端緒だが、いわば硯友社全盛の時代に文学青年になった一三は、近松・西鶴に心酔する熱心な読者だった。その大阪志願は、憧れの「上方情緒」を味得するもくろみがあった、という。

大阪勤務の頃のことを「私は、大阪へ来て一年もたたぬ間にいろいろの事を覚えた」と書いているが、大阪には、三田時代の文学仲間や遊び仲間も多かった。

当時、三井銀行の信用は絶大で、着任後間もない一三が末席ながら地元財界の宴会につらなることができたほどで、また金回りも良かった。

大先輩・秋山儀四郎の存在

一三は月給のほかに、豪商の生家から月給をぐんと上回る仕送りをせびり、その大金で道頓堀や千日前の芝居街で舞台を楽しみ、また一流のお茶屋や三味線音楽の世界に憂身をやつしたようである。その傍ら、いまだに小説家志願、記者志望の迷いも消えぬまま、小説を書いたり、『国民新聞』に大阪での劇評やら経済通信やらを投稿していた。後年、その頃の徹底した遊びの体験が、事業の着想に多面的に活かされているのも興味深い。

その一例として、当時の遊び友達というより、その大先輩として尊敬した秋山儀四郎の存在は忘れ難いという。

秋山は、東京二六新報の社長・秋山定輔の父で、堂島米穀仲買の相場師を経て、大阪演芸㈱を興し、角座、浪速座の座主（のちには道頓堀南座も経営）で豪毅の人として知られた。

一三もよく浪速座に招かれ、その席で役者の伎芸（ぎげい）の見わけ方や興行師としてのものの見方など多くを教えられた。たとえば、興行というものは、舞台の上の役者の芸を見ていると失敗する。その芝居が面白いか、当たるか当たらぬかは、二階の一番奥のお客の様子をじっと見ていることが肝心だ。彼らが本当の芝居好きで、彼らの反応が鍵なのだという。

こうした秋山儀四郎の格言と教訓とを、一三は宝塚歌劇をはじめ、のちの劇場経営に見事に活かしている。

その頃一三は、銀行員をやりながら『国民新聞』の大阪通信員も兼ねて投稿をつづけていた。その証拠となる資料も『徳富蘇峰関係文書』（近代日本史料選書7—3、山川出版社）に遺されており、経済・金融情報では「得難き腕前」と高く評価されている。

このことに関連した次のようなエピソードも注目されよう。

一三が二十二、三歳の頃（大阪支店在勤中）、徳富蘇峰が国民新聞社の社長として、阪神間の社友を神戸・山の手のある西洋料理屋に招いたことがある。一三も「書生時代から寄書家として民友社に多少の因縁」をもっていた関係からその「席末を汚すの光栄」を得た。

その宴席で、ひとりの美少年がバイオリンを弾きながら「蘇峰蘇峰　徳富氏！」と日本のメロディで節面白く唄った時、それまで三味線音楽万能の青年だった一三にとって、いまにこういう音楽の時代がくるのでは、と深く心に感じたという（『奈良のはたごや』）。

のちに、一三が「芝居に侵入する西洋音楽」を空想し、「歌舞伎芝居に代るべき歌劇の日本化」そしていわゆる宝塚情緒式の「バタ臭い俗謡」調の着想は、じつにこの時芽生えたようである。

岩下清周との出会い

一八九五（明治二十八）年九月、大阪支店長に岩下清周が着任した。一三はこの岩下には目をかけられ、岩下との出会いは一三のその後の転進に大きな影響を与えることとなった。

岩下は、三井物産の欧米在勤等を経て三井銀行へ移ったが、大阪支店長として赴任すると、早速、薩州海岸閥系の川崎造船所松方幸次郎や長州系で軍需品供給事業で財をなした藤田組藤田伝三郎を新しい取引先として開拓するなど、大阪財界に基盤を築いた。

そうした積極策は本店と相容れぬところもあり、間もなく岩下は三井銀行を去り、藤田伝三郎らと北浜銀行を設立し（一八九七年）、やがて頭取となった。のちに箕面電車の初代社長（一九〇八～一九一五年）にもなり、小林一三の経営者としての独立に多くの援助を与えている。

岩下清周が三井銀行を辞めたあと、一三は名古屋支店転勤となり、ここで慶應の先輩である平賀敏支店長（のち箕面電車の第二代社長）の知遇を得た。

平賀が大阪支店長に転じるや、一三は平賀に頼んで二度目の大阪支店勤務となり、貸付係長として社内報『業務週報』を編集したりしている。

一九〇〇（明治三十三）年十月に結婚、東京転勤となるが、一九〇七（明治四十）年一月の銀行退職までは、いわば閑職に甘んじた失意と不遇の時代で、自伝によれば「耐へがたき憂鬱の時代」であった。

一三にとって銀行員生活はところを得ぬまま、どこかなじみきれずに終わったようだが、しかしその十四年間に金融業務に精通した経験は大きい。あるいは、貸付担当などの折には骨董品を担保として扱い、古美術品への造詣を深める機会ともなった。

また、名古屋支店在勤中には、地元銀行の上級社員と語らって（会員百余名）、『名古屋銀行青年会雑誌』といった情報通信誌の編集発行まで主宰している。こうした人間関係は、その後の阪急・東宝グループの名古屋進出の際に活かされている。

一九〇七年一月、一三は十四年間勤めた三井銀行を退職。大阪支店在勤時に面識を得た三井物産の飯田義一のすすめもあり、新設の証券会社の支配人となるため、一家をあげて来阪した。この新会社は、北浜銀行の岩下清周が公社債・有価証券専門の証券会社として設立を推進していたものであった。ところが、この設立計画は折からの日露戦争後の恐慌のため実現せず、再び飯田の推薦により、三井物産が大株主であった阪鶴鉄道（当時、大阪―舞鶴間の私鉄、現・JR西日本福知山線）の監査役に就任することになる。

これが、一三の電鉄経営へ踏み出す第一歩となるのであり、一三満三十四歳の時のことであった。

苦難を極めた箕面電車の創設

小林一三が日本の代表的な財界人として高い評価を受けるようになったのは、主に東京進出を果たして後のことである。とりわけ、昭和初年に東京電灯㈱（現・東京電力）の経営建て直しに成功し、また、阪急・東宝グループを大きく育成することで、まさに財界の「今太閤」となり「日本で最もユニークな経営者」とうたわれたのである。

はじめは、阪神間の郊外の田舎電車、通称〝みみず電車〟からの出発だった。

とくに箕面電車の創設（一九〇七年）から阪神急行電鉄㈱へと脱皮し、都市間幹線である神戸線本線開通（一九二〇年）までは苦難の連続といってよい。その間多くの経済人の世話を受けた。

箕面電車の草創期には、飯田義一、岩下清周、平賀敏などに、物心両面の支援を得ている。

そのひとり、三井物産常務の飯田義一は岩下清周と親しく、自分が退く代わりに一三を阪鶴鉄道の重役に推し、その二ヵ月後には箕面有馬電気軌道㈱創立（略称・箕面電車）の追加発起人へと推してくれた。

前年の一九〇六（明治三十九）年に公布された鉄道国有法により、阪鶴鉄道は国有化されることになり、阪鶴鉄道経営陣はその買収に先立って、大阪の梅田から箕面―有馬間と宝塚―西宮間の路線敷設計画を進め、すでに出願許可も下り、発起人会も開いていた。

ところが、当初は日露戦争後のにわか景気で人気の出た箕面電車の権利株も、第一回払い込み期日直前に恐慌のため棄権者が続出、十一万株のうち約半分の失権株が出た。このため、新会社は設立を危ぶまれる状態となったのである。

一三は、阪鶴鉄道監査役辞任後にその清算人となったが、すでにふれたように、新会社は副業としての沿線の住宅地経営をすれば成功の見込みがあると計算し、その設立を進め全責任を負う決心をした。

その時、一三の資金援助の後盾となってくれ、また一三自身も出資して全責任をもって経営に取り組むべきことを教えてくれたのは、岩下清周である。自叙伝によれば、はじめは「傭われ重役」の意識しかなかった一三に、岩下は独立の責任ある経営者の気概で事に当たるべきとの重要性を説いた。

まず、一三はいかに創立事務費を節約するかを考え、三井銀行時代から世話になっている平賀敏が始めた桜セメント㈱の二階の一室を低家賃で借り、雑費もすべて平賀におんぶして面倒をみてもらったという。

一方、一三は東京で活躍している郷里の甲州財閥の経済人、なかでも遠縁の小野金六に依頼して、小野や根津嘉一郎らに一万株近くを引き受けてもらい、残りの不足株は一時、岩下の北浜銀行に頼み、引き受けてもらった。

さらに鉄道敷設に要する資材や機械類は、飯田義一の取り計らいで三井物産から延べ払い方式で支払えばよいことになり、ようやく会社設立へとこぎつけたのである。

そして一九〇七（明治四十）年十月の箕面電車創立総会では、一三が全責任を引き受ける形で、はじめは社長空白のまま、専務取締役に就任した。

発足はしたものの田舎の遊覧電車にすぎない箕面電車にはその後もいろいろな困難があり、大株主の北浜銀行がすでに系列化していた阪神電車との合併話も何度かあったようだ。

岩下清周の失脚

とりわけ、一三にとっても大きな試練となったのが、一九一四（大正三）年に、突如北浜銀行が取付に遭い、それにからんで頭取・岩下清周の疑獄事件が起こったことである。

岩下の失脚によって北浜銀行の全持株を買い取るはめになり、一三はこれを機に自ら借金をして買い取るとともに、残りは日本生命、大同生命はじめ、友人、知人の間を奔走、持株を引き受けてもらった。この苦境が結果的に、大株主経営者としての地位を確立することとなったのである。

北浜銀行の後盾がなくなった一三に、宿願の神戸本線建設のための資金援助の手を差しのべてくれたのが、船成金のひとりといわれる岸本汽船の岸本兼太郎であった。この神戸本線建設に当たっては、すでに西宮—神戸間の敷設権を得ていた灘循環電鉄（大林芳五郎、松方幸次郎ら発起人）の買収をめぐって、阪神電鉄との間で激しい抗争が行われ、以後、両社は文字通りのライバルとなった。

一九一八（大正七）年二月、箕面電車は重点を都市間幹線としての神戸線に移すため、阪神急行電鉄㈱（略称・阪急電車）と社名変更したが、これはまさに阪神電車に対するライバル宣言でもあった。事実、その二年後に神戸線本線（ならびに伊丹支線）を開通させ、一九二一（大正十）年には西宝線（西宮北口—宝塚間）の開通、複線化、さらに一九二六年には大阪市内高架複々線の完成によって、大阪―神戸間四十分を三十五分に短縮した。

財界人として名を馳せる

阪急神戸線の実現は、ふたつの意味で重要な出来事である。ひとつは、その開通によって、阪神間の山の手一帯の郊外が、俄然最も阪急沿線らしいハイカラな住宅街となり、これまでの阪神間の風景を一変させた。風化した花崗岩質の傾斜地に過ぎなかった山麓にもうひとつの新しい郊外ユートピアが出現したのである。

当時、大阪と神戸は第一次世界大戦を契機に工業ならびにアジアへの貿易都市としてもいっそう発展し、膨張をつづけていた。

そして、小林一三は田舎電車の社長から一躍、天下の幹線電鉄・阪神急行の社長となり、財界人としての地歩も固め、世間からもいまさらのように見直されたのであった。

その後も阪急対阪神の企業競争はスピードアップの面ばかりでなく、六甲山へのハイキング開発でも、また野球場、職業野球団、遊園地など、あらゆる面で戦われた。

ただし、両者のライバル競争の結果、阪神両市民は都市消費生活の多くの利便を享受することができ、またそのライバル戦の都度、一三の名声もあがり、注目された。

財界人としての地歩を固めた一三も、はじめは「大阪財界の針ねずみ」と呼ばれ、北浜銀行の岩下清周系（『大阪毎日』の原敬、平賀敏、大林芳五郎ら）の一員とみなされていた。とりわけ岩下失脚後は、大阪財界の主流とは独立した存在だった（宮本又次『大阪繁昌記』新和出版）。
むしろ、池田成彬らに懇請され、三井銀行が当時大株主だった日本有数の大企業、東京電灯㈱の経営建て直しのためその取締役に就任（一九二七年）以来、主に東京の財界人としてその実績は高く評価されていった。

それ以前、すでに一九二一（大正十）年に、一三は第一生命の矢野恒太の依頼により、東京の田園都市会社ならびに荏原鉄道の重役会に出席するようになり、実質上、田園調布の開発や東横電鉄の創設にも関係して、その経営手腕が注目されていた。

一九二八年には東京電燈副社長に就任、官僚主義を排し需要家本位の営業第一主義で経営合理化に努力を傾け、また余剰電力の消化のため昭和肥料㈱（昭和電工の前身）を創設している。

その五年後の一九三三年には一三は、東電社長に就任し、経営再建を成功させ、翌年には阪急電鉄社長を辞任し会長となった。その五年間に阪急百貨店を開業し、阪急神戸線では特急運転も開始、宝塚には新遊園地を開き、一九三二年には㈱東京宝塚劇場を創立、取締役社長に就任している。

これ以来、阪急の経営は信頼する部下たちに任せ、主に東電や東宝グループの育成を拠点に東京財界人として、経済界に広く知られるようになった。

安部磯雄に私淑

小林一三は、福沢諭吉のいう独立自尊の精神を自らの事業活動を通して実行した最後の実業家といわれる。

一三自身、「僕は青年時代から慶應で独立独行と言ふことを教へられて来たのだが、僕の社会生活は即ちそれだ。僕は人にお世辞を言はず、愛想を言はず、いつでも言ひ度いことを言ってしまふので人から愛されたことがない」（「使ふ時・使はれる時」『私の生き方』）という。

そして、いざという時に人がいかに頼りにならないものかということをよく知っているので、中年からは決して人を頼むまいと考え、すべて自分独りでやって来たという。

一三は、福沢諭吉のことばの数々を座右の銘として、たとえば「福沢先生は、『正直は芸にあらず』と言って居る」などと引用しているが、福沢の他にはどんな人物の影響を受けたのか。直接それにふれる文章は見当たらないが、一九二七年の阪急共栄会新任理事の集会での次のような冒頭の挨拶の一節がある。


此席上に、私の事業に対して常に理解と同情を持つて頂き平素から御指導を辱ふする安部磯雄先生――先生は、此会社が日本に初めての住宅経営を此鉄道沿線に実行するに当つて、精密に調査し其計画を賞賛し、社会政策の為めに意義ある事業であることを早稲田大学に於て講演せられた事や、又宝塚に於ける大劇場の建設に就て、民衆娯楽の機関として、劇場経営の根本主義として、私の大劇場論、これは独逸のラインハルト氏の主張以前、ズット前からの私の理想であつた此大劇場に就ても御鞭韃を受けた事や、先生の社会政策に対する各種の御著作によつて公共事業経営者として多年啓発せられて来た縁故に基き、特に本日東京より御来遊を得たことは私の光栄として御礼を申上る次第であり升。〔後略〕（阪神急行電鉄『社報』第百六号、一九二七年十二月十九日発行）

これでみると、一三はかなり早い時期から安部磯雄に私淑してきたことが窺われ、なかでも「先生の社会政策に対する各種の御著作によつて公共事業経営者として多年啓発せられて来た」というくだりは意義深い。

一三の理想とした住・食・衣の思想や郊外ユートピア、あるいは大衆本位の考え方をはじめ、電鉄経営における利益の三分主義や共存共栄の理念など、いずれも安部磯雄の社会改良の思想と深く共鳴し合うものがあるように思われる。

徹底した合理主義と大衆本位の経営姿勢

小林一三が異色の実業家としてその活発な経済活動を展開したのは、主に二十世紀初頭から一九三〇年代にかけてである。

この時期には、日本の資本主義は、日露戦争を経ていわば成熟期に入り、とりわけ、第一次世界大戦を契機とする経済発展によって、一方では財閥による独占体制も深化をみせ、他方では、国際的な社会主義運動の影響もあっていわゆる大正デモクラシー、自由主義思想等も開花し、やがて挫折に至る時期でもある。

大都市を中心とする都市化の進展、物流・人流の活発化、中等教育の普及、そして都市サラリーマン層や女性の職場進出などともあいまって、新聞・雑誌メディアの急速な大衆化、商業主義化やラジオ放送の出現など、大衆ジャーナリズムを軸とする大衆文化の発達もめざましい。

こうしたさまざまな要因がからみあって、なかでも住・食・衣といった都市大衆消費のあらゆる領域で、今日にほぼ近い生活文化のスタイルが生みだされた。

その主要な一翼を担い、その推進力ともなったのが、小林一三らの創始した私鉄沿線文化や新しい都市文化の台頭であり、また、宝塚歌劇や東宝グループなど新しい余暇・娯楽産業の再編であった。

一三の企業経営が急成長をとげる第一次世界大戦から一九二〇年代にかけては、とりわけ日本の資本主義は大きな矛盾をはらみながらも一種の楽天的な展望をもちえた時期でもあった。庶民の間にも、ともかく働く場所を得て、真面目に働きさえすればいつかは報われるといった勤勉の精神が強調され、信奉された。あるいは、努力すれば郊外の文化住宅地に生活することも夢ではないといった幻想ないし憧れも拡まった。

一三は資本家のめざすべき理想としてそれらの目標を掲げ、自らの事業実践のなかでその理想主義を追求し、体現したひとりであった。

一三が手がけた事業は、電鉄・電力経営と興行に要約され、それらはいずれも「客商売」で共通しており、大衆相手の日銭産業である。しかも一三は事業経営の基本に、自他共に利益することによる共存共栄、つまり「需要者の利益を主として尊重し、計画する方が却つて供給する人に利益が多いのが原則でならねばならぬ」と考えていた。

箕面電車の開通に際しては、沿線各町村に電力を供給する事業も営み、電灯を灯して喜ばれた。ターミナル・デパートでは「どこよりも良い品を、どこよりも安く」をモットーとした。あるいは、あらゆる興行に「家族揃つて楽しめる」「清新なる都市娯楽」を目指したのであった。「私は常にお客様に満足して戴くやう、よいものを安くと工夫し、山気でうんと儲けようといふ考へは一切持たないのである」（小林一三「私の経営法」）と断言している。

一三の考えでは、興行に限らず、食堂にしても大衆を相手とする商売はとかく水商売として識者や堅実な事業家から敬遠されがちだったが、実は大衆本位の事業ほど危険のない商売はない。大衆から毎日現金を貰ってする商売には貸し倒れがあるわけでもなく、安全な商売が利回りの少ないのは当然だという。

たとえば、大衆娯楽という事業は、「大砲の音が納まればその翌日から繁昌する事業」である。だから真剣に仕事をすれば必ず資本家や株主も信用してくれるだろう。経営を合理化すれば非常にうまくゆくし、やりようによっては立派な事業になる、と考えたのだ。

およそ商売は安全に行けば行くほど利が薄くなるのは決り切つてゐる。電鉄にしろ、百貨店、劇場にしろ、お客本位に安く売るやうに経営すれば、さううまい遺利のある筈がない。（『前掲書』）

一三が「鞘とり主義」と呼ぶ薄利多売方式による経営の合理化である。そのためには無駄をなくし、合理性の追求が必須となる。

ターミナル・デパートによって時間と客の送迎の無駄をなくし、従来の百貨店のような延売り、貸売りを廃止して現金取引で経費を節約して安く売る。あるいは、「劇場デパート」構想のように、ひとつの建物のなかに複数の劇場を併設する経営法は、ひとつが赤字でも他でこれをカバーすればよいという考え方で、この複合方式は、百貨店の場合の食堂経営や、アミューズメント・センター構想にも一貫している。

また、つぶれかけた日劇の再建では、当時としては画期的な低料金の五十銭均一という均一システムを導入した。それによって、これまで五ヵ所あった入場券売場を一ヵ所に集中することができ、案内係や人件費の節約と共に、一ヵ所に長蛇の列ができることでそれが宣伝ともなった。

いわば、時間、労力、空間やサービスの無駄を排し、コストの低減に徹した。場所・空間の活用は、阪急電鉄高架下や後楽園や西宮球場のスタンド下の開発利用にもおよんでいる。

こうした合理主義の経営を進める過程で独創的アイデアが生みだされ、それらが有機的に結びあって独特の宝塚戦略として推進されたのである。

健康な資本主義精神

一三の合理主義経営法は、それが民衆の生活文化の向上につながるという強い信念に支えられていた。そのため、自分の持つ長所を確信し、時流に媚びず、忠実に働くことが肝要であるという。その場の与えられた仕事をただ黙ってこなすことだ。自己の最善をつくす、そして、自分自らの道を開く、という意味で自分は運命論者であり、努力第一主義者である、という。

あるいは、人より三十分前に出勤することの「平凡即非凡」が、信用の本道であり、それが出世の道につながっているという。

「働けばよい、それから先は運命だ。朗らかに清く正しく働くことが我一党のモットーだ。サァ、ついて来い、意気地のない若い奴よ」(「永遠の青春」)という心境で、それを理想と信じ、実行したというのである。

一三の「邪念なく、朗らかに働く」ことや勤勉のすすめは、あくまで資本家としての使う側の論理にすぎないが、その「働くこと」への楽天的な向上主義や努力第一主義には、いわば当時の「明るい資本主義精神」が根深く投影されていよう。

その点に関していえば、一三には「日本に於ける資本主義崩壊の順序」とか「崩壊の前夜に立てる日本資本主義」などの評論もみられる。これは、いわゆる「資本主義更正の旗印を鮮明にし、上下心を一にして働くべき時代」(小林一三『次に来るもの』)という認識である。

資本主義の短所は自由競争に伴ふ貧富の懸隔を甚だしくすることであつて、一方に巨万の富に徒食する人もあれば、一方には住むに家なく食ふに食なしといふ悲惨な状態があるので、この不自然をいかに改善し、麗はしい社会を如何にして作り出すべきか。〔後略〕（『雅俗山荘漫筆第四』）

一三の処方箋は、資本主義の短所を取り除き、新しい組織と新しい経営とによって「幸福なる新しい社会」をつくることだ、という。

それにはどうすべきか。まず、五大財閥と国民との衝突や独裁政治の危険を予防するためには、金融資本における財閥の縮小と金融制度や産業政策の地方分権および、中小商工業に対する金融機関の充実等が緊急課題だとする。これが、資本主義崩壊を防ぐ唯一の方法だというのである。

つまり、「行き詰れる資本主義を更生し、地方産業の分権と、働くに道あり、住むに家あり、口に食ある、新しい時代」をいかにつくるかの努力が求められている。いまや大都会密集の弊害を整理する時代が来たのであり、それには、地方の自治体が産業統制に重きを置く相互扶助機関として働くようにすべきだ。しかも「日本には世界に類のない家族制度があつて、貧富の対立を緩和するのみならず、共に助け合ふといふ精神が強く働いてゐる」（『次に来るもの』）という。

一三は、そこに新資本主義のユートピアとして期待をかけているが、その是非はともかく、一三の掲げる消費者志向や合理主義、その「働くこと」の思想も含めて、少なくともそれらの発想に、彼の素朴で健康な資本主義精神をみることもできよう。

メセナ的発想

メセナとは、企業による芸術文化支援活動のことである。

このところ日本にも、フランスを見習って、「企業メセナ協議会」が発足。多くの大企業では「企業文化部」とか「社会貢献委員会」あるいは「文化財団」やら「国際交流財団」やらを設けるのが流行となっている。それだけ、企業の社会的責任が大きくなり、利益の社会還元が求められていることの反映でもあるのか。

が、日本では、単なる冠コンサートや冠スポーツ大会などのPR戦術をメセナと自称し、曲解している事例が少なくない。

メセナとは、芸術やスポーツ、学術に冠をのせる態（てい）の良い売名であり、単に文化の名をかぶせた消費創出戦略では、という批判もある。少なくとも、目先の宣伝・広告媒体として企画されている限り、その種のイベント類はいずれもメセナとは似て非なるものであろう。

メセナと称する以上、もっと長期的な広い視野で、そして結果はともかくいわばPRぬきで、企業の社会貢献、利益の社会還元として行われる芸術文化支援活動と理解したい。

その文脈で、小林一三は日本の「メセナ以前」のメセナの異例の先駆者といえるのではないか。

たとえメセナそのものの先駆ではないにしても、世界的な大衆芸術としての宝塚少女歌劇を育てあげ、経営し、また宝塚音楽学校校長としてその芸術教育活動を指導した業績には、少なくともメセナ的な発想と姿勢が豊かに蓄積されているであろう。

はじめは乗客誘致策の余興にすぎなかった少女歌劇を、遂には日本を代表する「文化」にまで高め、自らも『日本歌劇概論』の表題をもつ演劇論や劇場経営論、そして大衆芸術論の著作を刊行している。あるいは、一三は小説家志願の感受性と観察力をその事業経営の独創性に活かすと共に、多くの意欲的な著作に結実させている。たとえば、経営随筆でもあり人生論でもある『私の行き方』は、昭和初年に五万部以上といわれる当時のベストセラーとなり注目された。

つづいて、『私の見たソビエット・ロシヤ』『次に来るもの』『事変はどう片づくか』といった海外旅行記、文明論あるいは時事評論兼処世論などの諸著作も多くの版を重ねる売れ行きをみせ、多数の読者に愛読された。

これらのことをもってしても、一三はまさに日本で最もユニークな実業家であるばかりでなく、その事業経営のあれこれにも、すでにメセナ的な着想が実行に移されている。

たとえば、宝塚の新遊園地内には子どもや成人男女の娯楽・遊楽施設のみでなく、動物園や植物園が、いわば動・植物の実物教育装置としても企画され、あるいは種々の博覧会や宝塚文芸図書館（現・阪急学園池田文庫に移管）、宝塚昆虫館などはいずれも啓蒙的かつ社会教育的なメディア装置としても機能していた。

つまり、劇場・遊園地全体が一面において市民のための文化施設としても活用されてきたのであり、とくに戦後連続して開催された市内学童対象の「映画教室」や夏休み中の「自然教室」などは、遊園地の教育性を活かした、まさに宝塚的な文化支援活動だったといえよう。

あるいは、一三にとって、宝塚少女歌劇をはじめとする興行は事業そのものであって、メセナとは無縁と思われがちだが、電鉄経営との関連でみれば、沿線開発が進み固定乗客が増大するにつれて、とりわけ少女歌劇は次第に乗客誘致策からはなれ、自由な純粋な芸術文化活動として発展した。少なくとも、いまや阪急電鉄にとっての宝塚歌劇経営はまさにメセナ的な性格のものではないか。

一三の少女歌劇への打ち込みは、人によっては道楽とみなされ、また別の観点からはそれが一三の本業ともみなされたほどである。

芸術文化活動への積極的支援

大衆芸術としての質的向上をめざし、また同時に、一三は自分の理想である大劇場構想の具体化のためではあるが、次々と部下を欧米に派遣して研究の機会を与えている。すでにふれたように、吉岡重三郎、高木和夫、岸田辰弥、白井鐵造などである。

あるいは、東京宝塚劇場の開場準備の目的で、一九三三年には、秦豊吉（ペンネーム・丸木砂土）をスカウトして欧米事情等の視察のため外遊を命じている。秦は当時、ゲーテの『若きウェルテルの悩み』やレマルクの『西部戦線異状なし』の翻訳などで名声を博していたが、一三によって東京宝塚劇場の支配人に抜擢されて以後は、演劇界の名プロデューサーとしても大いに手腕を発揮した。

一三は、これら多くの才能豊かな人材の人脈を築きあげ、彼らの多彩な芸術文化活動に協力し支援した実業家としても異色といえるであろう。いわば彼らを通して、欧米の大衆芸術や文化吸収のための国際的芸術家交流の一潮流をつくり出したことに、ここでは留意しておきたい。

宝塚少女歌劇は一九三八（昭和十三）年には、第一回ヨーロッパ公演に出発、ドイツ・ポーランド・イタリアの二十六都市を巡演、翌年には訪米芸術使節団として、ホノルルとアメリカ本土九ヵ所で公演、好評を博し、緊迫する世界情勢の中で国際親善の実をあげた。

その後、中国へも何度か公演に出かけているが、戦争激化のため中断、戦後はハワイ公演をはじめ欧米や東南アジア公演、そして中南米公演へと国際文化交流を深め、民間親善使節として国際的に活躍していることは特筆に値しよう。

要するに、企業の文化活動ないし芸術文化支援活動という側面では、小林一三の場合、それが事業経営そのものの中核を占めていたということになる。その結果、阪急電鉄は関西の単なる一私鉄であることを超えて、阪急沿線文化圏の形成者として知られるようになり、またその独自な生活文化戦略によって、さらに今日の阪急・東宝グループへと成長を遂げたのである。

一三が東宝映画㈱を創立し、帝劇も吸収合併したのは一九三七（昭和十二）年のことであり、同時に各地に劇場チェーンを完成させた。翌年には、江東楽天地を開場、東宝は㈱後楽園スタヂアムをも経営することとなった。

一九三九年には一三は、東京電灯との関連で、日本軽金属㈱を設立、社長に就任したが、その翌年には、イタリア派遣経済使節としてヨーロッパから帰国途中に連絡を受け、第二次近衛内閣の商工大臣に就任した。

しかし、官僚統制に不満をもっていた一三は、岸信介次官など官僚や軍部と対立し、わずか八ヵ月で大臣を辞任。その直後、「中央公論」に「大臣落第記」を載せ、「百姓町人の孤児として生れ、甲州の田舎に育って、今この光栄ある官職」を辞めざるを得なくなった経緯について書き、自らの官僚ぎらいの意気を示した。

敗戦直後の幣原喜重郎内閣でふたたび国務大臣に就任、戦災復興院総裁も兼務したが（七十二歳）、翌年には公職追放令で大臣を辞任。一九五一（昭和二十六）年八月追放解除とともに、一三は七十八歳で東宝社長に就任、追放中に起こった東宝争議後の再建に専念した。

晩年には念願の新しい円形劇場として、梅田、新宿両コマ・スタジアムを設立・開場、その両社長に就任した。

しかし、翌一九五七（昭和三十二）年一月二十五日、小林一三は満八十四歳の生涯を閉じ、宝塚大劇場において宝塚音楽学校葬が荘厳に執り行われた。翌日付の『ニューヨーク・タイムズ』にも、一三の訃報が写真入り、「元閣僚、少女歌劇創始者の死」という見出しで報じられている。

4　清く正しく美しく

分析の視点

宝塚戦略とは徹底した合理主義経営の戦略であり、大衆本位、家庭本位の「薄利多売」商法であると同時に、今日いわれるようなメセナ戦略をも包みこんだ新しい生活文化論の企業的実践という側面をもっていた。

その合理主義、斬新主義の経営を追求してゆく過程で次々と独創的アイデアが生みだされ、それらが関連事業へと有機的に組みあわされ、活かされて、都市大衆消費の新しい生活文化様式をもつくり出してゆくことになるのである。

その「アイデア商法」とか「いもづる式商法」を支えた思想とはどういうものか。

いろいろな分析視角が可能だが、ここではさしあたり、次のようないくつかの視角からその基本的考え方を検討してみたい。

そのひとつは、阪急・東宝グループの経営理念でもある「共存共栄」の思想である。

第二に、その大衆本位、消費者志向による自他共に利益することによる「共栄」理念は、阪急沿線における郊外ユートピア構想へと連結している。遊園地からターミナル・デパートまで包括した「快適なる中産階級の楽園」としての新しい生活文化圏のイメージ形成である。

第三には、郊外ユートピアにおいて提示される新しい家庭像をはじめとする、その家庭観、健康観、教育観とは何かである。その家庭本位という考え方は今日の家庭観とどうつながり、どんな特徴があるのか。

第四には、宝塚戦略における娯楽のとらえ方についてであり、一三はそれらを「清新なる都市娯楽」とか「大劇場論」として説いている。

第五には、それらと関連して、都市をどうみるか、が問われるであろう。

これらの理念や考え方は互いに深く結びあっているが、まず、それらを個別に取りあげておきたい。

共存共栄の理念

かつて私が住んでいた大阪・豊中の団地内に、阪急共栄ストアーというスーパーマーケットがあった。その後、神戸の郊外の新興住宅地に引っ越したが、その最寄りの私鉄駅前にも同名のチェーン店があった。

しかも、そのスーパー内には阪急共栄薬局というのもあり、なんと「阪急共栄薬」という名の家庭薬まで売っている。この共栄薬は、小林一三のアイデア商品のひとつで戦時中は輸出もされ、一時は老舗の富山や奈良の売薬業者に脅威を与えたほどの売れ行きだったという。なぜ「共栄」ずくめなのか。

この共存「共栄」というのは阪急グループの基本理念であり、すでに、一九二四（大正十三）年十月に社内に阪急共栄会が組織されて以来、その共存共栄の精神はあらゆる場面で公的にも強調されてきた。

その共栄の理想は、一三がかつて掲げた「利益の三分主義」に集約されている。つまり、会社の経営は、資本家によってのみ専行すべきものでなく、株主には一定の利益配当を与えて、それ以上の利益は株主と、社員と、この会社に関係深い地方公益（すなわち沿線の公衆・乗客）への分配、という三分主義に立脚すべきだというのである。

とりわけ、電鉄や電灯・電力事業など公共事業においては利益の三分主義は事業発展の要であろうという主張である。実際、電車の開通に先立って、沿線に電灯をひき、あるいは沿線農産物の流通や販売に積極的に協力するなど、沿線住民へのサービスの向上にも取り組んでいる。一三の次のような文章がある。

「我々の理想は阪急沿線に住む諸君に対しては、どうかして平素頂戴してゐる電車賃丈は何かでお埋合せをしたいものだと心掛けてゐる」

仮に毎月五円電車賃にかかっているとすれば、その分だけ家賃なり、生活用品や娯楽費なりを安くするか何かで、他の電鉄沿線に住むより利益があるようにしたい、というのである。

我々が面倒臭い、食堂やマーケットを直営にしたり、市内編入区域の電灯料を市と同一に引下げたり、宝塚に於て低廉なる娯楽を提供する所以のものは、単に乗客吸収策といふばかりではない、所謂共存共栄の精神に基いて、阪急沿線に住居することが如何に愉快に、其生活をエンジョイするかといふ理想郷を出現したいものだと考へてゐるからである。（小林一三「阪急だより」『阪神毎朝新聞』大正十五年一月三日号）

その理想が、現在どのように実現しているのかは別の問題だが、少なくとも当時としてはかなり思い切った私鉄公共性論の主張であり、企業経営における経営独占の行き過ぎを批判し、その歯止めの必要を説くのである。

「結局此会社の経営は株主と社員と公衆（即ち乗客）と共同管理の下に相互式によつて共存共栄の大義に依つて、進むべきものではないだらうか」（『阪神急行電鉄二十五年史』昭和七年）

これは見方によれば、労使協調路線そのものといえようが、大衆相手の日銭産業という企業上の性格と深く結びついた戦略路線でもあろう。

つまり、小林一三の事業本位の経営法とは単なる利益第一主義を排し、「自他共に利益すること」が目的であり、原則である。それゆえ、あくまで「お客様本位」「大衆本位」を基本として、そのお互いの共存共栄によって企業も結果として繁栄する、という理念を掲げ、それを実際に追求していったのである。

沿線各地に計画的な住宅地経営を実現し、その終点に遊園地など新しい行楽空間とターミナル・デパートという消費空間を配し、「郊外の気分に漂ふ愉快なる生活の出来る中産階級の楽園」をつくったのも、まさに共存共栄の精神の具現化にほかならない。いわば、そうした戦略の展開によって、沿線ならびに周辺地域に阪急独自の新しい生活文化圏を形成することができ、その生活文化圏の拡大がさらに関連事業に連動し、拡大してゆくという図式をつくった。

今日では消費者の利益優先、消費者の利益を守る、あるいは「良い品をより安く」といったスローガンは主に生活協同組合運動によって担われており、大企業においてはいわばタテマエでしかないという現実もある。

その点で、すでに大正期から明確な消費者の利益優先という「共存共栄」理念を打ち出したその消費者志向は、単に日銭産業という以上の大きな意義を残していると思う。

宝塚戦略を貫く郊外ユートピア思想

ユートピアとしての郊外という考え方は、日本独自のものではなく、二十世紀初頭の欧米における田園都市運動に影響され、そこから派生したガーデン・サバーブ（田園郊外住宅地）の発達とかかわっていよう。

日本でもそうしたユートピアとしての郊外を求める気運が明治の末から大正期にかけてみられる。そのひとつが、小林一三や渋沢栄一らによる都会主義的な郊外住宅地開発であり、それとは対極的にコミューン型のユートピア運動が武者小路実篤らのいわゆる「新しき村」の建設などといった形で始まっている。ともに日露戦争以降の工業化の進展で矛盾を増大させていた都市に対し、より田園的な生活の場を希求する点で共通の時代的な一潮流を表徴している。

住空間の重視

ここでとりあげる小林一三の郊外ユートピア思想には、ほぼ三つの側面がある。ひとつは、その「住・食・衣」といった日常生活における住空間の優先、重要性の提唱であり、第二には、新しい中産階級の家庭イメージの創出という側面にかかわり、第三には、沿線全体を包みこむ新しい遊楽空間、消費空間としての生活文化圏の形成にかかわっている。

一三は池田住宅地売り出し広告の中で、「田園趣味に富める楽しき郊外生活」とか「理想的住宅」を強調しているが、「如何なる家屋に住むべきか」について次のようにいう。

家屋は諸君の城砦にして安息場所なり。古より衣食住といえど、実は住食衣というが自然の順序なるべし、家庭の平和、人体の健康等、家屋の構造に原因すること尠しとせず、世人の家屋に意を払ふこと切なる理ありといふべきなり。

こうした住・食・衣の思想は、一三が私淑した安部磯雄とも共通しているが、要するに、家庭の幸福の第一条件が健康であることだとすれば、まず住宅の選択が第一で、食と衣は第二、第三に置かねばならぬという。庭の広さとか、家屋の位置、構造、居間や食堂の明るさ、出入りの便、日当たり風通し等に意を払うべきことが肝要である。

これらの指摘は今日のような住生活のあまりの低水準の現状からみれば、文字通りの「郊外ユートピア」の提唱ということになるが、住空間における広さのもつ重要性や家屋建築における家庭生活の優先、そして住生活の合理化の指摘など、日本人にとっての住空間意識の革新を促す画期的なものだったことが特筆されよう。

衣食住よりも実は住食衣の順序が自然なのだ、という提唱は、むしろ今日いっそう切実な日常的欲求となっており、現代日本の「住宅は人権である」という主張の先駆ともいえよう。ほぼ衣食足りたといわれる日本人にとっていっそう、その住・食・衣の思想は現実的かつ革新的な意義をもつのではないか。

新たな家庭像を演出

郊外ユートピアのもうひとつの側面は、新中間層の新しい家庭像を提供したことにある。煙の都からの脱出を呼びかけた「中産階級の楽園」での「理想的住宅」とはいかなるものか。

阪急ニュータウン第一号池田住宅地の事例にはすでにふれたが、一般的イメージは次のように語られている。

百坪の地区の北端に家を建て、その南西地に小庭をつくる。そこには蜜柑、梅の樹、桜ン坊の樹、柿の木等果物を熟らせる。中央から低い生垣でしきってその南方一帯を菜園とする。中央入口の門から通路の上には葡萄、あけびなどにて日影をつくるのも風情がある。通路の右手には年毎に充実してゆく施設によって、やがて山羊、鶏、兎などの野趣に潤ふ生活の豊かさが彩られるであらう。(『理想的庶民住宅』)

こうした家庭生活のイメージは、大正期から昭和にかけて新しい階層として登場した中流サラリーマンにとって、新たな家庭像をはぐくむ契機となった。とりわけ、郊外という地域的特性が、これまでの都市の伝統や地縁とは断ち切られた生活文化空間として強く意識されていた。

こうした郊外ユートピアのイメージは、ターミナルの一方に遊園地を、もう一方には大デパートを配置して沿線全域を、家庭生活、なかでも女性と子どもにとっての新しい行楽空間、消費空間として演出され、造出された。遊園地の中には楽しい温泉があり遊戯機がある。あるいは華やかな少女歌劇が演じられる。とりわけ、宝塚歌劇がやがて人気となり、その独特なモダンなイメージが郊外ユートピアと一体化する。

また、遊園地やターミナル・デパートでの婦人・子ども向けイベントや家庭用商品の提示そのものが、家庭生活のモデルとして企業的に巧みに再編されてゆくのである。

いわば、郊外ユートピアのもうひとつの側面は、沿線全域を「中流階級の楽園」として商業主義の枠組みの中に包摂するためのイデオロギーともなったわけで、その文脈からみれば、郊外ユートピアの思想は、宝塚戦略の生活文化論として、その土台に位置するもののひとつといえよう。

郊外のわが家で寝起きして、時には子どもたちと一緒に、遊園地やハイキングを楽しみ、あるいは、郊外から連れ立ってデパートへ買物に行く。「郊外」とは大都市の中産階級（ホワイトカラーや自営業者など）にとって、そうした日常の新しい消費空間、生活文化空間の総称となったのだ。そしてそこには、何か楽しい生活がありそうな、ほのかな期待がこめられた。

阪急によるこの郊外地開発は、東京では東急、西武などのモデルとなり、現在の広大な郊外居住地域を形成していったことは前に述べた通りである。そしていまなお、大都市郊外ではさらにその郊外を求めて、郊外へ郊外へと拡大がつづいている。

一戸建　手の出る土地には　熊も出る（第四回全国サラリーマン川柳コンクール入選作品、一九九一年）

家庭観と教育観

家庭や健康の問題をどう考えるか。これは今日でも生活文化にとってのキー・コンセプトのひとつだ。

宝塚戦略の用語法では、それらは「家庭本位」「大衆本位」「清新なる娯楽本位」の三者のつながりでとらえられている。

そこでの「家庭本位」の主張には、少なくともふたつの文脈がある。ひとつは、家庭向きの、家族打ち揃っての団らんの場としての「清新なる」娯楽地帯、行楽空間の創設、といった文脈である。

この「家庭本位」の考え方の積極的意義はふたつあり、一方で「家庭」は明治以来強調されてきた「国家」と対立し、他方では「家庭＝女性本位」が従来の「男性本位」と対峙するということになる。

この場合、「家庭＝女性本位」の背後にはより厳密にいえば、コマーシャリズムのなかでの女性大衆といったとらえ方が見え隠れしており、個としての女性、個としての家庭という視点は薄い。にもかかわらず、「家庭本位」主義には女性の文化や社会への進出を前提としている点で少なくとも男性支配に対する女性平等を志向する限りで、革新的な側面もみられるのである。

「家庭本位」のもうひとつの文脈は、たとえば、かつての宝塚音楽歌劇学校における〝全人教育〟の理想としての家庭本位主義である。

これは、阪急百貨店での戦前の女子店員教育にもおよび、「家庭本位」イコール「結婚第一主義」の主張となる。

職業集団としての宝塚歌劇やデパート女子店員という存在は、女性の職業進出、社会進出の先駆として先端的に位置したが、そこでの子女教育方針は徹底した保守主義である。

小林一三は、宝塚音楽歌劇学校の教育方針を、上手な女優をつくるより、まず「一人前の女性」をつくることにおき、結婚してこそ女性の本当の幸福は得られる、といっている。

六百人の女生徒の中の幾十人かの優秀な芸術家を生みだすより、残りの五百数十人が家庭の奥様となるにふさわしい芸術的な教養を受け、〝新しい女性〟として結婚生活に入り、「朗らかな明るい家庭」をつくることが大切だという方針である（『私の行き方』）。

「家庭的愛と温情」の結婚生活への手ばなしのオプティミズムであり、宝塚は「明るく、正しく、朗らかな女性」となるための花嫁学校なのである。

一三の抱く理想の女性像は、「健康美」と「明朗美」であり、「処女こそ神聖な美の極致」とみる古典的な処女礼讃であり、良妻賢母、夫唱婦随といった家族主義的な「醇風美俗」のイメージである。そして、「理想的な奥さん」とは、芸術的教養があって、音楽もでき、踊りもできる善良で「上品なマダム」である。宝塚の卒業生が「いい奥さん」になるというのも健康美にあふれているからだ。舞台へ出て、冬でもはだしで踊る訓練をしてきているから、体が鍛えられている、という（『宝塚漫筆』）。

ただし、一三の結婚観は、「女は妻となって、夫のため、一家のため全部を犠牲にして、仕へよといふ、極めて東洋流の封建的な」教えではない。「結婚すれば女として万事休すといふ教へ方は、あまりにも婦人の人格を無視した教へ」であるという。婦人はむしろ結婚という共同生活によって生きるもの、将来が生かされるもの、という考え方である。そのために、辛抱と強い意志と謙譲の美徳が必要だという（『私の行き方』）。

「家庭本位」イコール「結婚第一主義」を旨とする一三のこうした女性観・人間観は単純な「家庭へ還れ」主義ではないが、自由恋愛を家庭道徳の破壊者として攻撃した当時の思想的風土と寄り添ったところがある。明らかに、『青鞜』の「新しい女」や「女性の解放」の動きとは別の方向をたどった。

つまり、一三のもうひとつの「家庭本位」思想そのものは、むしろ坪内逍遥の説く「家庭文化」の強調や伝統的な家族主義に近い。従って、「家庭文化」からの自立をめざした「女性文化」の進出という大正モダニズムの風潮とは逆流している。

そして、事業としての宝塚歌劇の成功は、当時の興行方式の改革と「社会的に存在していた家庭主義的な雰囲気の積極的利用」（南博編『大正文化』）によるものであり、その「家庭本位」には明らかに二面性がある。

一三にとって少女歌劇とは「不調和の非芸術」と調和的な「家庭本位」主義とが矛盾的に混在する大衆芸術なのであり、芸術様式の先端性と生徒に対する保守的な「家庭本位」主義とを両立させることが必要だった。

おそらく、この「家庭本位」主義によって、少女歌劇は女性も子どもも「家族揃って」安心して観られる公認の大衆芸術となった。あるいは、それが少女歌劇の革新性に対するとまどいや非難を中和させるイデオロギー的安全弁ともなったのか。

見方によっては、この「家庭本位」の効用は、別の側面もあろう。つまり、常に若い未婚女性の新鮮なアマチュア性を魅力として掲げる歌劇集団の維持機能という点である。つまり、結婚第一主義、主役の交代、新人の抜擢といったリフレッシュ作用で生徒集団内の活性化を促し、同時に新しいファン層の循環的開拓も可能となる。

少なくとも、かつての宝塚少女歌劇における「家庭本位」主義は、興行方式上またそのイデオロギー的安全弁として、あるいは演劇集団のリフレッシュや循環機能として、いわば三重の有効性をもつものといえる。

視聴覚メディアに着目

宝塚戦略の推進者・小林一三の教育観、教育論はこれまでふれてきた宝塚歌劇の生徒教育、あるいは「誠実」に「一所懸命に働き」「努力」することが肝要といった社員教育論に集約されていようが、一三の教育観の独自性はむしろ新しい教育メディアや教育方法へのいち早い着目にある。

一三はすでに一九三二年に、これからは飛行機とテレビジョンの時代だとして、新しい視聴覚メディアの積極的採用によって、従来の学校や社会教育機関の垣根をとりこわし、教育のイメージを一変させようとする大胆かつユニークな提案を行った。

その予測によれば、小・中学校段階の知育教育は大部分、映画またはテレビによって大教室で一堂に会し「面白く楽しく愉快に」行うことができる。

たとえば、日本史の概要は、映画トーキーによって古代から近代まで、毎日一、二時間、一ヵ月で終了できるだろう、という。

地理や地質学や動・植物学その他でも、かなりの部分、視聴覚メディア利用の教育方法を導入することによって、書籍は簡単な参考書ですますことも可能だ。知育面についていえば、小学校は三年を要せぬかも知れないし、国民大多数の学校教育は二十歳で修了しうるし、あとは働くことが原則となるに至るであろう、という。

そして、楽しく面白く愉快に教育すべき学校は、人格ある数人の指導者たる先生によつて、大講堂教室に一度に何百人かを満足せしむるに違ひない。即ちこの種の学校は国民教育の殿堂であると同時に、其夜間に市民娯楽の機関として、トーキー、ラヂオ及びテレビジョンの利用に提供せらるゝに違ない。（「私の夢物語」『次に来るもの』）

一三はこうした提唱を「空想の産物」としているが、このアイデアは今日、放送教育やら放送大学、あるいは各種のカルチャー・センター講座をはじめ社会教育活動にも取り入れられ、実践されている。少なくとも、知育教育の場面では、一三の予測どおり、視聴覚メディア利用の教育実践の有効性は徐々に発揮されつつある。

今日のテレビ時代の隆盛を正確に予測したのは、小林一三と正力松太郎（読売新聞、日本テレビ）、電通の吉田秀雄だが、これら三人共、テレビの大衆娯楽性とその商業的価値を鋭く見通していた。

大衆芸術・娯楽の地位を引き上げる

文化をつくる企業というのはいままでは花形といわれ、かっこいい職業とみなされている。たとえば新聞社や出版社、広告代理店、それにテレビ・映画・演劇などの大衆芸術・娯楽関連の興行部門がそうである。

ところが、それらは二十世紀のはじめ頃まで、「新聞屋」「広告屋」「活動屋」などと呼ばれ、共に「やくざな水商売」としてさげすまれ、いわば実業に対する虚業として低い評価を与えられてきた。

とりわけ、大衆芸術や娯楽は、明治以来長いあいだ「水商売」としておとしめられ、軽視されてきた。初期の宝塚少女歌劇に対する「不調和」「非芸術」「変態」などといった非難も、そうした娯楽に対する蔑視や偏見と決して無縁ではない。

小林一三は、そうした娯楽に対する偏見に立ち向かった最初の実業家ともいえ、日本人の余暇・娯楽といった生活領域を事業として再編することに成功し、とりわけ都市娯楽の新しいスタイルを生みだし日常化した。

その娯楽観は、「大衆本位」「家庭本位」と三位一体ともいえる「娯楽本位」の主張に要約されており、年来の「大劇場論」とも連結している。

たとえば、一三の「大衆娯楽論」という論稿（『改造』一九三六年六月号）がある。

すでに「家庭共楽の殿堂」東京宝塚劇場を建設し（一九三四年）、はじめての欧米視察（一九三五年）を通して娯楽のあり方を再考したものである。

それによると、欧米先進国の娯楽は、期待に反し、特権階級である貴族やブルジョワによって独占されており、「特に演劇は、中流階級以上の者がみるものとされて、一般大衆は全く没交渉の立場に置かれている」。

大衆の娯楽は、映画を除けば、ボクシング、競馬、ドッグレース、スポーツ見物、サーカス、賭博、富籤（とみくじ）などが演劇の代用として求められ、しかもギャンブルは大衆に対する社会政策のひとつとして、思想緩和剤として取り扱われている。

大衆演劇の重要性を強調

一三には、娯楽のなかでも演劇重視の考え方があり、欧米の一流劇場は大衆の娯楽機関になっていないことを批判し、わが国でこそ、大衆の中から生まれ、大衆を目標とした新しい形式の演劇、すなわち国民劇の創成が待望されていると説く。

ひるがえって、当時わが国の実態は、松竹の旧態依然とした興行法による演劇独占体制があり、これを打破することが先決だという。それには、まず従来の花柳界に依存した特権的な劇場経営を合理化し、「心持ちよく朗らかなる娯楽機関」の充実のために興行方式の改革が必要である、とする。

特権階級本位から大衆本位への転換である。前にも述べたように、もともと大衆本位の事業ほど危険のない商売はない。ことに、大衆娯楽という事業は、大砲の音が納まればその翌日から繁昌する事業であるという。

露西亜、独逸、伊太利等、資本主義の経済機構に驚天動地の夜嵐が襲来した其津波の跡を見る時、レストラント、映画、芝居、等所謂大衆娯楽の機関のみは、其運転を停止せざるのみならず、寧ろ却つて世道人心に処し調和剤の一種として必要欠くべからざる利器として善用せられた。〔後略〕（『私の行き方』）

勤労大衆にとって「働くこと」が基本であり、従って労働後の余暇の慰安は娯楽本位であるべきである。たとえば演劇も「高尚なる娯楽」として生活の必需品たらしむべきである。そうした娯楽本位の芝居とは、知識階級的演劇ファンや一部の高踏派の要求する芸術のための芸術であってはならない。従ってまた、「多数大衆に媚ぶるが為の享楽本位」に堕落させてはならないという意味である」

私の最大目的は、生活の単位を個人より家族に、従つて其娯楽も亦個人より家族に、即ち、かくの如くにして、家族より家庭に、更に、家庭より公共に、而して大衆に、全国民に、――其旗幟は簡単にして鮮明である。朗らかに、清く、正しく、美しく、これをモットーとする我党の芸術は即ち高尚なる娯楽本位に基くところの国民劇である。（小林一三「演劇経営作戦」）

この一文に一三の理想とする国民劇への娯楽観が凝縮して表現されていよう。

総合芸術としての芝居にとって音楽は重要な要素だが、「花柳芸術的の三絃楽とそれに伴ふ悲哀の快感を中心とする範囲のメロディのみ」に固執するのは時代精神を知らざるものだという。いまや国民は西洋楽器の音階によって教育されてきており、この洋楽の感化とこの種の管絃楽を度外視することなく、積極的に西洋音楽を中心とした新しい芝居をつくりたいと思う。

「独り歌舞伎劇や新派劇や現在の所謂芝居なるもの、みが洋楽を捨て、顧みざる時、洋楽を加味せるもの、洋楽本位のあらゆる新興芸術が、それがレビューであり、笑の王国であり、エノケン一座であり、或は是等のもの、生れ来れる本流に立つて時代を指導し来れる宝塚少女歌劇」である。

つまり、一三のいう国民劇とは、大劇場による西洋音楽を中心とした新しい歌舞伎劇である。少女歌劇を土台として、さらに本格的な宝塚式の歌劇すなわち西洋音楽による歌舞伎劇の創成だという。そして、国民大衆のために、家庭本位に、娯楽として見せる芝居は入場料を安くする必要があり、そのためには収容力の大きい大劇場でなければならない。しかもそうした新興芸術としての国民劇にふさわしい新しい芝居の組み立て、歌、踊り、音楽の三つを総合した演出法も工夫が必要となる。

一三の娯楽観には、たとえば少女歌劇は普遍的菓子であるという文脈での大衆追随がある一方、大衆相手の仕事は、大衆への媚びばかりではいけないとして、「大衆を善良に向はしむる為に娯楽機関の充実を図ると共に其内容も高尚にして其芸術は教養的効用のある芝居こそ国民劇の要としても必要」(「演劇経営作戦」)とも主張している。

新興芸術・娯楽としての国民劇のイメージの中に、娯楽のとらえ方がまさに鮮明に表明されており、それはいってみれば、「安く、面白く、家庭本位に、清い、朗らかな」娯楽という考え方である。

健康的娯楽空間づくり

この基本理念は、個々の大衆芸術・娯楽種目についてばかりでなく、「高尚なる」「清新な」娯楽地帯、すなわち都心のアミューズメント・センターや劇場チェーンの建設計画にも貫かれている。たとえば、小林一三が最も力を入れた日比谷・丸の内・有楽街の建設は、家庭本位の「朗らかに明るく遊べる」「高尚な新しい浅草」の創設をめざしたものであった。

これまで盛り場らしい盛り場といえば、東京には浅草しかないが、浅草は昔ながらの独身男性本位の盛り場で、いまのままでは年々悪くなり、あまりに陰険に暗くなりがちである。新宿もいろいろ盛んになったが、「裏にはカフェーがあつて、しまひには其隣りに淫売窟が出来るといふやうに、どうしても下等になり勝ちになる」(『私の行き方』)。

つまり、「相当の家庭の人、相当の教養のある人には浅草は食ひ足りな」くなっているとみる。娯楽はいまや生活の糧(かて)であるとすれば、その娯楽はあくまで家庭本位でなければならない。そしてそれにふさわしい遊楽空間が求められている。

また震災後、東京の住宅地は郊外へとさらにのび、山の手や郊外に住む人々にとって浅草は遠くて不便な場所となった。

一三はそうした変化に対処して、新しい東京人の遊び場として、「家庭的な新しい娯楽地帯」「清新なる娯楽街」を計画し、銀座に近くて丸の内オフィス街を控える日比谷に狙いをつけたことは前に述べた。

「日比谷は御承知の通り公園があるのみならず、東京市の公会堂があり、図書館があり、其隣りには帝国ホテル、さうして幸ひあの附近に空地が沢山在つて、一方には帝劇があり、邦楽座がある。其処に日本劇場といふものが出来て居る」（『前掲書』）。

この立地計画の総合的着想がユニークである。つまり、既存の文化施設や遊楽装置をすべて有機的に結びつけ、総合的にさまざまな生活文化メディアが混在する新しい遊楽・文化空間として演出しようと試みている。

個々の娯楽施設に個性をもたせ、さらに公的文化施設との連環した配置によって、その地域空間全体を独特の「面白く、清く、朗らかな」娯楽地帯として創成したのだ。

その後、この丸の内ビジネスセンター娯楽街に対して、工場地帯の理想の遊楽空間として江東楽天地が創設され、下町の新しい盛り場として賑わった。計画は流れたが、戦後は秋葉原と新宿にも「楽天地」建設プランがあった。

また一方で、一三は「私達の理想たる、国民大衆に、よりよきものを、如何にすれば、一番安く提供し得るか」という観点で、映画や演劇における劇場チェーン構想を六大都市に展開し、実現させている。

つまり、この劇場チェーン方式の確立により、仕入原価を安くでき、興行経費も節約できる。それゆえに家庭本位の「より楽しく良い作品」を安く、大衆本位に提供できるということになる。単独の劇場ごとの上映、上演方式では、その上映期間の短さに追われて作品がどうしても粗製乱造になりがちである。

こうした興行方式の改善策にも、一三の非凡な娯楽のとらえ方、その娯楽本位への情熱と工夫を感じとることができよう。

ただし、東宝映画配給㈱が発足（一九三六年）し、やがて経済力をつけるにつれ、「東宝映画は良くて、安い」というスローガンを掲げて全国的な配給網の争奪戦へと進んだため、当時のライバルだった松竹・日活・帝キネ・東亜キネマは「四社連盟」を結成して、東宝と対立することにもなった（那波光正『小林一三翁が遺されたもの』）。

小林一三の大衆本位、家庭本位の健全な娯楽の提供という娯楽観は、あくまで経営者としての論理から出ているわけだが、すべてがいかに大衆をより良く遊ばせるか、という発想に基づいている。これら「安価な道徳的娯楽」の提供は、「大資本投資の定石」という批判（阿部真之助『新人物論』日本評論社、昭和九年）もあるが、いわば非常時日本が叫ばれるなかで、宮城の真ん前に一大アミューズメント・センターをつくりあげた実績は、一三の娯楽に対する確固たる信念をも窺わせていよう。つまり、娯楽はいまや生活の必需品であり、男性個人本位でなく、家庭に、そして女性にも開放されなければならない、という主張であり、娯楽を家庭本位のものとするには、どうしても安く、大勢で楽しみ得るということを原則にしなければならない、と考えていた。

都市文化論の視点

昨年（一九九〇年）八月、林野庁による「森林都市整備構想」なるものが発表された。新聞報道では、この構想は国有林を切り開いて、一ヵ所に五千戸程度の宅地を造成。学校や郵便局などの公共施設を新設、銀行や商店なども誘致して独立したニュータウンとしての機能を持たせる。一区画の宅地は一戸当たり千平方メートル（約三百坪）とすることで敷地の大部分が森林として残ることを狙っているという。しかも、その広い敷地の賃貸料がなんと毎月二万円前後というのだから、いまどき願ってもない耳よりな話である。

残念ながら、その後その続報を目にしていないが、なぜこんな話を書くかというと、これとそっくりの森林都市構想を、小林一三は六十年も前にすでに提唱していたからだ。

ただ、両者には重大なちがいがひとつある。一三のプランは、樹木を植えて緑の植林地帯を都市の周囲につくるというものだが、林野庁方式は国有林の伐採に主眼を置いている。

「森林公園式」都会案

一三案は、今日の大都市分散・集中方式の先取りともいえる「森林公園式」都会案と称するものである。これは一九二〇年代からの「大東京市」計画をはじめとする首都圏構想や、とりわけ震災後の首都改造案ブームに乗った小林一三私案ともいうべきものだ。

すなわち、ただ大きいだけの大都会の維持保存の不経済と不必要から、大東京市はいくつもの「小東京市」に分解し、約十万坪ほどの高層建築地帯を一区域とし、その周囲にこれも十万坪の植林地帯、自然公園をつくる。

都心の高層ビルの屋上にはヘリコプターの発着所を設け、そこから二、三十分のところに丘陵や渓谷、原野や森林につつまれた緑の住宅都市空間をつくり出す、といったプランである（『次に来るもの』）。

一三は、これからの大衆消費時代の到来は、第一に飛行機の進歩発達とその利用、第二に映画トーキー、ラジオやテレビなど視聴覚メディアの驚くべき応用に伴う教育機関の改造等によって、従来の都市計画を大きく変えてゆく可能性が高いとみる。

とりわけ、飛行機の発達とその利用の日常化は建築様式を一変させるだろうと予想し、雄大な広域首都圏（東海道メガロポリス案に近い）構想を提唱している。

すなわち、時間と空間を克服する情報技術革新が都市計画と密接に関わる可能性から着想して、将来の独自な「自然主義都会」をその理想郷として夢見ているのである。

この「森林公園式」都会案には、空中防備上の保護色の加味とか都市分散による空襲被害の減少などといった当時の戦時体制下での反映もみられるが、その基本は、あくまで「自然主義都会」への理想であろう。

自然環境と快適で機能的な都市との調和、つまり田園の豊かさと都会の便利さとをどう共存させ、いかに美しい都市環境をつくり出すことができるか。それが永遠の課題でもあり、まずその一環として「総合的都会美」をどう設計するかが先決だ、という。

「昔は、駿河台丘陵にニコライ堂が天に聳え、朝夕勤行の鐘の音は下町の末々までも響き渡つて、行人をして一種敬虔の念を抱かしめたものがあつた」（『前掲書』）。

まさに丘陵と森と建物とがひとつの混然たる都会美をなしていた例である。

一三の総合的都会美とは、個々の近代建築そのものにあるのではなく、都市という生活文化空間のなかで、自然と建物との地理的、人間的関係が調和をつくり出すことである。あるいは、近代美と伝統の美とを適合しうるよう、どう設計するかの問題だという。

文化国家をめざして

そうした観点から、一三は実にさまざまな都市改造案ないし都市文化論を提唱しているが、たとえば、そのひとつに、観光都市としての大阪改造プランがある。

これは戦前の大阪についてであるが、外人観光客誘致策の一環として、ホテルの新設と大阪城の再建についてふれている。「商工業の大都会たる大阪に来て一番困ることは、ホテルのないことと見物すべき何ものもないこと」だとして、まず中之島公園にある銀行集会所を立退かせ、その前の道路を修繕してアーチ形に建物の中央に入れるホテルをつくれば、「水の都にふさわしい建築」ができると思う、と〝空想〟している。

また、大阪で唯一の見るべきものとして、大阪城を昔風に築造、鉄筋コンクリート造りにし「封建時代城廓の見本として後世に残したい」。そして、城内には歴史風俗館をつくり、歴史的風俗人形を絵巻物風背景の前に配置し、「外人をしてアッと驚愕せしめ、日本文明の真髄を了解せしめたい」という。建物延べ五千坪、人形の数一万、費用五百万円といった設計である（「外人誘致の具体策」『経済往来』昭和四年十月号）。

偶然だろうが、今日、大阪城は一三案にほぼ近い形で再建され、天守閣内にミュージアムが、城内に市立博物館がある。

敗戦後も、あれこれの都市計画案についてふれており、たとえば、「神社仏閣の整理と観光都市京都」案（『逸翁らくがき』）では、鴨川の風光整備と下水道完備および御所の改造と周辺の神社仏閣を廃棄存続整理して、観光ルートの新しい開発を、とかなり大胆なデベロッパー的提言を行っている。

京都の観光価値は平安朝と室町時代の維持・保存にあり、神社仏閣の整理検討も「専ら芸術的存置の意義あるもののみ」を保存対象とすべきだという。というのは、「山紫水明の東山から西山へ」さらにぐるっと洛外を通る観光ルートの開発によって「東洋美術国の理想的パノラマ」を出現させるためである。

わが国は、いま「憐みを受けている国民」であるが、この次は「可愛がれる国民」に、そして最後には「尊敬せられる国民」に認められねばならぬのである。その手段方法のひとつとして、「文化国家の一面を象徴し得る観光施設の芸術的創作」の着手が不可欠だというのである。

これらもすべてレジャー産業経営者としての発想そのものであるが、都市のつくりかえを、観光という余暇行動の視点からいかに伝統を保存し、しかも近代合理主義の下に新しく活かしてゆくかという方向でとらえている。「文化国家」建設のための観光都市の開発が主眼だが、そこでも常に自然と都市との調和、そして伝統の保持と革新が強調されている。

また、「国際観光都市としての奈良」についてもその自然と伝統保持の文脈で「千二百年の昔のままの環境」保全を主張している。これは、大阪・梅田の阪急ビルから、「初の民放・新日本放送（現・毎日放送）の電波に乗って放送された（一九五二年）。

一三のこうした都市の見方にみられる特徴は、広域的な視野とその消費文化的視角という側面にある。

レジャー文化との関心で都市をみれば、それらはある拡がりをもった観光・行楽空間としてとらえられる。そうした行楽空間をいかに魅力あるものにするかという観点から、さらにその観光施設や行楽装置の配置が問題として浮かんでくる、といった論理であろう。

また、アミューズメント・センター構想も個々の娯楽メディアや遊楽装置を、いかにある広域空間の中に有機的に結びつけうるか、その相乗効果による街の活性化に狙いをつけたものともいえるのである。

あるいは、一三流の郊外ユートピアとは、阪急沿線の、ある地域空間を意味するものではなく、それが宝塚とつながり、ターミナル・デパートとも直結し、その上ハイカラな神戸や大阪の活気をも包みこむことで成立する、よりつながりをもった広域的な生活文化圏を意味していよう。

少なくとも一三は、あくまで広域的にそして日常的な生活文化の視角から都市の未来を求めつづけた実業家であった。

5　大正文化と宝塚モダニズム

大正文化のなかで

大正といえば、いまの大学生にとっては祖父母の時代である。戦時期日本とは異質なわかりにくさのある時期であろう。

年号で時期区分することには問題もあるが、ここでは竹村民郎（『大正文化』現代新書）に従って、いわゆる大正文化の時期を、第一次世界大戦（一九一四〜一九一八年）前後から一九二〇年代まで頃としておきたい。

小林一三の実業家としての活動が精力的に展開され、その経営基本戦略が完成したのもほぼその頃である。その活動は、一九三〇年代に東京進出によって開花するが、それらの基盤は、いわゆる大正文化のなかで築かれたといってよい。

中流階層の膨脹

鶴見俊輔は、「大正の文化」というイメージの構成要素を、⑴判断力のない無能な天皇、⑵民衆の力・米騒動・護憲三派、⑶女性の自由が増したこと、⑷大衆娯楽と日常便利品の普及、⑸関東大震災・大杉栄・朝鮮人の虐殺、として要約している（鶴見俊輔「大正期の文化」岩波講座『日本歴史・現代2』）。

大正文化のイメージも重層的である。とくに都会に住む中産階級のメンバーにとっては、「あくびの出るような退屈な時代」（生方敏郎）とみられ、あるいは、「都市の市民の自由な生活感覚と孤独感」（竹村民郎）が、大正文化の基調といわれる。

南博によれば、大正文化のイメージとは一般に、明治以来の「富国強兵」「殖産興業」的「生産文明」から、私生活の充実という消費本位の文化への推移として特徴づけられている。いわば、個人主義、家庭生活重視の消費生活文化のイメージである。

こうした生活文化への需要は、文化産業の発達を促したが、それらの受益者となる大都市中流階層の進出を背景としている。

とりわけ、それは都市大衆消費における衣食住の合理化、その形式の受容ばかりでなく、「思想芸術を教養として身につけ、趣味娯楽を楽しむ新しい家庭生活の出現」となった（南博編『大正文化』勁草書房）。

第一次世界大戦による成金景気も、米騒動によって貧富の格差拡大を露呈し、ロシア革命の波をかぶった反体制運動も激化するが、日本資本主義の発達は、その独占体制の維持強化の方向へと進展をみせた。

すなわち、財閥の発展、企業の増加、流通機構の拡大、官僚制の強化、マス文化産業の発達等々に伴って新しい中流階級――ホワイトカラーと自営業中心――としての都市中間層が多数生みだされたのである。

そして、終身雇用、年功序列の組織に組みこまれたこれら新中間層が、その自我の充足を求めるとすれば、かつての立身出世の場ではなく、むしろそれは、「郊外の楽しい家庭生活」であり、消費と娯楽の「街頭生活」の中であった。

郊外の文化住宅地とは、まさに阪急をはじめとする私鉄経営の産物である。郊外における生活の場と生産・労働の場との分離は、いきおい生活者意識を強め、消費志向を促してゆく。

あるいは、宝塚少女歌劇の発展は、新中間層ないしその子女たちの公認された新しい大衆芸術として歓迎され、これまで家庭文化の中に閉じこめられていた女性の文化進出という点で、自立する女性文化の出現への一環としても大きな意義をもっていよう。

阪急デパートの消費者戦略も含めて、一三によるこうしたさまざまなレジャー文化の再編策も大正文化のある側面を特色づけている。

いわば、小林一三は大正文化の動向を巧みにとらえ、そのなかで活路を拓き、自ら大正文化の一潮流をつくりあげた実業家、ともいえるのである。

女性の台頭

一九八〇年代の日本では、新しいフェミニズム運動が着実な拡がりをみせ、雇用差別や家父長制のもとでの女性抑圧の構造が改めて問題を投げかけている。こうした動きに対して、フェミニズムの商業主義化、風俗化が先行しているといった批判もあるようだが、男性本位体制を崩し、女性の対等な社会進出を実現しようとする確かな歩みもみられる。

そうした「女の時代」の前兆として、女性による社会進出への第一歩が踏み出されたのが、この大正時代なのである。

白樺の運動の女性版ともいえる平塚雷鳥の雑誌『青踏』が、「新しい女」を特集したのは一九一三（大正二）年のことである。一方、宝塚に少女歌劇の養成所ができ、また松井須磨子をスターとする芸術座の公演も始まっている。東北帝国大学に最初の女子学生が入学したのもこの年である。

やがて、いままで見られなかった女性の新しい職種が登場。バスの車掌、タイピスト、事務員、電話交換手、看護婦、女教師、映画女優など、従来は男性だけの世界と考えられていた職場にも進出するようになった。

「職業婦人」の進出、といわれる「家庭文化」からの女性文化の自立である。

宝塚少女歌劇の発展は、さきにふれたように、女性文化の「家庭文化」への逆流といった側面ももつが、同時に、女性中心の新しい大衆芸術・娯楽の代表として、あるいは女性による自治の芸術集団として、女性文化の風俗的先端を拓いた点で、大正文化の潮流のひとつをつくり出した。

朗らかに、清く正しく美しく

その「タカラヅカ」の有名なモットーが、「清く正しく美しく」であるが、もともとは「朗らかに、清く正しく美しく」であった。それも、ことばとして定着したのは案外新しく、一九三〇年前後からのようで、主に東京宝塚劇場設立にちなむ標語づくりから生まれた。

たとえば、その発起人小林一三の名による設立大要（一九三二年五月十一日付）のなかに「此際東京にも大劇場を作つて、安く、面白く、家庭本位に、清い、朗らかな宝塚一党によつてのみ見られ得る将来の国民劇を御覧に入れたい」という文章がある。

一九三四年元旦の東京宝塚劇場新築落成開場記念のために、一三は、「初夢有楽町（ハツユメアミューズメントセンター）」という詞もつくっている。その三節目は次のような詩文である。

そのプロローグとして
我等の舞台
朗らかに
清く
正しく
美しく

我等の宝塚こそ
大衆芸術の陣営
家庭共楽の殿堂
お、我東京宝塚劇場！

この「朗らかに」はモットーとしての洗練化の過程で消えてしまったが、タカラヅカの精神にとってはいまなお家庭本位と並びキーワードのひとつだ。初期の頃の少女歌劇公演の趣旨には、たとえば「花やかな気分と清新なる趣味」（『山容水態』大正三年三月号）とか「趣味の清新と高雅」（『大毎』慈善歌劇会記事）ということばがみられる。

この「清新にして高尚なる娯楽」という少女歌劇に対する懸念ないし目標は、一三自身かなり早くから心に刻んでいたようである。

ひとつは、恩人のひとり、岩下清周が失脚した北浜銀行事件に際して思い知らされた「没義な世間」「虚偽と詐欺と、さうして自己本位」の汚さに対して、逆に少女歌劇の清新と高雅とが暗闘の世間を忘れさせ、それに没頭することでわずかに慰めが与えられたと、一三は告白している（『歌劇十曲』）。

また、一三は自らを「花柳芸術の謀叛人（むほんにん）」と自称しているが、これは、「悲哀の快感に満てる三味線芸術」が花柳界本位の芸術であることへの徹底した批判である。

西洋音楽の音階は今や正に国民音楽として現代に横溢せんとしつつある時、私は毅然として花柳芸術の謀叛人として、歌舞伎劇の改善を大声叱咤し、花柳芸術中心の社交界や、特権階級の専有物の如き現状を打破し、国民の手に奪取し、民衆芸術として、国民の前に解放し、当然に帰着すべき運命を一日も早く指示しやうと思ふのである。（『増補・日本歌劇概論』）

つまり、松竹による特権的な歌舞伎独占体制への批判、攻撃として、興行方式の合理化、大衆化を通しての演劇の改善向上をめざしたわけで、そのためには、「安く、面白く、家庭本位に、清い、朗らかな宝塚」式でなければならぬという主張であった。

一三の民衆芸術としての国民劇の創成という理想は、当時の社会主義運動の影響下に起こったいわゆる芸術の民衆化、民衆芸術論争とは文脈を異にしているが、特権階級的な劇場経営の合理化による「明るく、心持ちよく朗らかなる娯楽機関」を、という主張は、論争の観念性とは対照的に、より実際的、具体的な芸術の大衆化を実現したといえる。

巧みに利用された宝塚精神

こうした劇場経営の合理化、常識化商法は、かつていわれなき賤業のひとつと目されてきたこの業界を改革するため、まず事業としての演劇への脱皮、向上が先決という信念にも支えられていた。少女歌劇の生徒募集に「良家の子女」を強調した裏には、芸能界に対する抜き難い蔑視に対する抗議の姿勢をみてとることもできる。

後年、一三は、「自分が一番苦心したのは宝塚精神とでも云うことであった。清く正しく美しく、をモットーとして純潔を保つと云うスローガンが生れたのである」（『逸翁らくがき』）と書いている。

すなわち、『モン・パリ』『パリゼット』の成功は、やがてレビューの大流行となり、そのブームを巻き起こしたのが東京朝日新聞連載（一九二九〜三〇年）の川端康成『浅草紅団』の反響と「カジノの踊り子は、金曜日にはズロースを落とす」というゴシップが生んだ「ズロース事件」である。

このエロティシズムを売り物とする風紀取締りのため、警視庁保安課は、早速、「一、股下三寸未満、あるいは肉色のズロースの使用すべからず」ほか八ヵ条の禁令を通達して風俗弾圧に乗り出したのである。

一三の「朗らかに、清く正しく美しく」の合言葉は、いつしか「朗らかに」を失って、一方では当局の取締りに対する防波堤となり、内に対しては、生徒の守るべき宝塚精神としての規範となった。ともかく、内外に純潔の御旗を鮮明にアピールすることが、経営上からも必要だったのである。

また、生徒に対する課税事件というのもあった。これは、従来、宝塚少女歌劇は営利を目的としたものでないという理由で、遊芸人の鑑札を要しない、非課税扱いとなっていた。ところが、一九三五年に兵庫県当局が、女生徒に対しても明らかに給料という名目をつけずとも立派に生活費を支給し、かつ特別入場料を徴収している以上、「遊芸稼ぎ人」として賦課すべきものとして、目下調査中と報道された。

これに対して阪急側は、「会社では女生徒から授業料を徴し、給金などは出してない、従つて純然たる民衆娯楽で、遊芸人化したものでないから、遊芸人となる上は、其品位を傷つけるものだ」と強く抗弁したという事件である（『大阪万朝報』昭和十年二月二十五日付）。

この事件も、生徒はあくまで生徒であるという純潔保証の確認となり、「清く正しく美しく」は税金対策上からも重要な意味をもつモットーとなったのだ。

あるいは、後発の東京松竹少女楽劇部（のち、松竹少女歌劇部）のターキーこと水の江瀧子による「男装の麗人」の登場（一九三〇年）以来、宝塚少女歌劇も「男装の麗人」の時代となるが、この人気の秘密は、単に男以上の魅力をもった男、といった異性への憧れの対象としてだけではない。

これまでは一般に、「男装の麗人」とは「清く正しく美しく」のシンボルとして、性を超えた透明な存在としてとらえられてきた。が、今泉文子によれば、それへの熱い想いは「自分が女でないことを夢見る」ことであり、「男でもなく女でもない無性性への激しい願望」だという。いわば、女になることが、現在の社会では負の記号を担うことへの憤りであり、怒りなのだという（今泉文子「池田理代子・白雪姫はどこに目覚めるか」『ユリイカ』一九八一年臨時増刊号）。

日本モダニズム

ポスト・モダンとか、日本的ポスト・モダニズムなどという評論を、時々眼にし、耳にする。モダンやモダニズムということばは漢字では、現代の、とか近代主義と訳されているが、このままではわかりにくい用語である。

一般に、「日本モダニズム」と呼ぶのは、一九二〇年代後半から、一九三〇年代なかば頃までの期間にみられる、欧米文化の影響力を強く受けて流行した独特の思想と風俗であり、それはほぼ、いわゆる大正文化と重なりあい、少なくともその影をひきずっている。

南博によれば、日本モダニズムには、ふたつの顔がある。「一つは、西洋の合理主義、機械主義の思想であり、それは、フォード・システムに代表される機械工業のもたらした機械文明を評価する、生活合理主義の思想である。もう一つは、西洋とくにアメリカ映画を通じて移入された、モダンガール（モガ）と彼女たちをシンボルとした、風俗の解放である」（南博「解説・日本モダニズムについて」南編『現代のエスプリ・日本モダニズム』No.188）。

この日本モダニズムは、明治の文明開化と戦後の占領モダニズムとしてのアメリカ的近代化との、ふたつの大きな近代化のうねりの中間に位置するが、そのモダニズムとしての特徴は、第一次世界大戦後のインターナショナリズム（国際主義）と密着した平和主義、生活合理主義にある、という。しかしそれらはやがて「エロ・グロ・ナンセンス」といわれた風俗化現象を経て、ファシズムの圧力下に潜行を余儀なくされた。

日本モダニズムの諸相のうち、ここでは、南博の整理に従って、地域別モダニズムとしての宝塚モダニズムを対象に、主としてその生活風俗にあらわれた特徴を検討しておきたい。

宝塚モダニズムの風景

大阪は、東京より早いカフェー・モダニズムの発生地といわれるが、宝塚モダニズムとは一体何か。それにはいくつかの側面がある。

まず、それは、小林一三の生活合理主義の行き方に体現されており、すでに沿線開発による郊外ユートピアや、その住・食・衣の思想、洋館趣味の理想的住宅設計等にもあらわれていよう。

一三の郊外ユートピアの風土的イメージは、たとえば、谷崎潤一郎（『細雪』）の芦屋の地の描写にも見事に代弁されている。

　六甲山の裾が大阪湾の方へゆるやかな勾配を以て振りつつある南向きの斜面に、田園があり、松林があり、小川があり、その間に古風な農家や赤い屋根の洋館が点綴してゐるといつた風な所で、……阪神間でも高燥な、景色の明るい、散歩に快適なのである。

遊園地、少女歌劇とターミナル・デパートをつなぐ、この郊外生活という新しい風土そのものが、宝塚モダニズムの表情であろう。

そのターミナル・デパートは、新しい消費の殿堂としての崇高で豪華に装われた真昼の遊楽空間、演劇空間であり、都市モダニズムの拠点となった。その阪急百貨店の快適な大食堂へ、家族揃って、安くておいしい洋食（とりわけライスカレー）を食べに行くのもモダンな余暇行動であった。

あるいは、宝塚少女歌劇の大スペクタクル・レビューは、かつては花柳界のものであった踊りの楽しさを西洋音楽による「大衆本位」「家庭本位」の歌劇の楽しさへと大きく変えた。

群舞の集団美、場面転換のスピード感、証明技術による幻想美(ファンタジー)や異文化空間の演出、そして大階段の豪華さと、そこにはめこまれた電飾装置等々の相乗効果とあいまって、まさにモダンなエキゾチシズムの世界を、目にみえる形で現出させたのである。

あるいは、タカラジェンヌの鍛えぬかれた肉体や舞踊の素晴らしい力動感、個々人のそして集団の躍動感、それらすべてがかもし出す「清新たる」エロチシズムそのものが、モダニズムなのであった。

主題歌として唄われたシャンソンやジャズの数々、オーケストラの響き、それに淡い異国調の色彩の衣裳など、それらもまた宝塚モダニズムを彩る重要な要素であった。

そうした阪急沿線文化とは、新中間層中心の新しい都市消費における生活文化であり、家族ぐるみのレジャー文化の形成を意味した。

地理的には、大阪・梅田を起点として、茨木、箕面、宝塚へと伸びる北摂一帯から神戸、灘、六甲に拡がる独自なモダン生活文化圏をつくり出した。

すでに述べたように、そのモダン感覚は、六甲山へのハイキングやキャンプ・ルートの開発にもあらわれている。つまり、「郊外散歩」やハイキングの流行は、かつての名所・旧跡主義の解体を意味し、阪急電鉄と共に六甲山系一帯をアルピニストのものだけでなしに、市民大衆のレクリエーション地帯として飛躍的に発展させたのである。

こうした新しい戸外生活への楽しみを沿線市民にアピールし、実際、そのスピードを誇る電車に乗せて「家庭」から家族揃って郊外へと連れ出す習慣をつくったのも、宝塚モダニズムの一面といえよう。

地域性を超えた大衆芸術

今日では、タカラヅカを大阪文化のひとつとして位置づけ、「都市型上方芸能」とみる説もある。その見直しには、大阪文化の活性化という点で意味があるとしても、宝塚モダニズムの基本的性格からいって、タカラヅカは「上方芸能」ではありえない。むしろ、歴史的にみれば、明らかに大阪文化圏からはじかれ、離陸し、独自なモダン世界をつくりあげた非上方文化である。広く関西文化として誇りえても、「上方芸能」の枠の中に押しこめるのには無理があるように思う。

宝塚モダニズムの中核をなす少女歌劇は、いわば、東京文化と大阪文化の合作であり、その折衷的な、そしてそれゆえに地域性を超えた大衆芸術であろう。

阪田寛夫によれば、最初に歌劇の指導者として招かれた安藤弘・智恵子夫妻、高木和夫の三人とも東京音楽学校出身で、安藤の退団後入団したピアニストで「戦友」で有名な三善和気、原田潤（東京音楽学校出身）の二人も、東京育ちである。

それに浅草生まれの演出家久松一声を加えると、「関西に生まれた芸能である宝塚少女歌劇草創期の七人の指導者が、大阪生まれの楳茂都陸平と山梨生まれの小林一三を除く五人まで東京生まれや東京育ちで占められていた」（阪田寛夫『前掲書』）。

また、小林一三は「大正時代に国民の心をつかんだ三つの演劇――曽我廼家五郎劇・新国劇・宝塚の何れもが、大阪の人々の育てたもの」であるとも説いている。

安藤弘の回想でも、大阪人は東京人とちがって世間の評判に左右されず、自分が見て面白いと思えば良いものは良いと率直に評価してくれる。そうした実質的な見方が宝塚少女歌劇を育ててくれた、という。

こうみてくると、タカラヅカは、出発からして「上方文化」とはいえないが、大阪人のなかにある「感受性の意外なしなやかさ」（阪田寛夫）に支えられ、育てられた異色のモダニズム文化といえるであろう。

欧米への憧れ

地方自治体の役所の建物は、役人の力を誇示するためか、どこでも大きく豪華な建築を競いあう傾向がある。最近では、新東京都庁舎が話題を呼んでいるが、宝塚市役所も擬似ベルサイユ宮殿とあだ名されるだけに、周囲の風光から超然としたデザインの庁舎である。

市のシンボルである宝塚歌劇のベル・バラ・ブームに便乗した形だが、市民の反応はどうなのか。

二十世紀のはじめには、ひなびた数軒の温泉宿があるにすぎなかった一寒村に、一躍、宝塚新温泉パラダイスという異郷的遊楽空間が出現した。

　湯あがりのかるき身をなげたぐひなき
　ここちにぞよる土耳古（トルコ）椅子かな

　美しきちからをもちてひきつくる
　歌劇のとばりにひと吸はれゆく

　美（くは）し女（め）の歌舞に酔ひつつかへり路の
　橋の上こそ瞳にすがしけれ（矢澤孝子『歌劇』大正七年十一月号）

これは、初期宝塚についての歌人・矢澤孝子の詩的イメージだが、新温泉パラダイスの一種、桃源郷的幻想を髣髴（ほうふつ）とさせるものがある。少女歌劇は当時もいわば「陸の竜宮城」の面影さえたたえていたかのようだ。

その頃、大阪周辺の『余暇生活の研究』（大正十年刊）を総合的に行った大阪市社会部調査課では、次のように考察している。

「この少女歌劇は阪急電車の発展策を一として同社の専務小林氏が企てたものであるが而して従来の大阪人の趣味とはかなり懸け離れたものではあったが愈々初めて見ると案外人気に投じ今では宝塚

の少女歌劇と云へばその人気は正に旭日昇天の概がある。〔後略〕」

ともかく、「宝塚が大阪の延長だと見るならば」この新しい歌劇も「大阪の新しい民衆には十分受け入れられるもの」と見通している。

異国情緒あふれる宝塚

大阪で生まれ、育った田辺聖子も、その後の「新しい民衆」のひとりである。昭和十年代はじめの「幼き日の夢の国」について、次のように書いている。

……そういう、畳敷き文化圏とは、はるかに隔絶した、モダンなハイカラな、遠いヨーロッパの香り、ウツクシイ男役女役の香り、そういうものが宝塚だったのだ。子供の私は「宝塚」というひびきにどれほど心のひきしぼられる思いをしたことか。子供ながらの夢幻境、異次元の世界、と思ったろう。（田辺聖子『夢の菓子をたべて』講談社）

田辺聖子の記憶にあるのは、宝塚の赤い絨毯と、開幕前の、オーケストラボックスの音合わせである。あるいは、舞台の主題歌「すみれの花咲く頃」や「おお宝塚」は、叔母たちと共に歌を憶え、「少女の私の体内に浸透してしまった」という。

田辺にとって、タカラヅカという名は、「心そそる異文化の象徴」になったのであり、その想いは同時代の都市の少女たちに共有されていた。

とりわけ、海外旅行など思いもよらぬ戦前では、タカラヅカへ行けば、まだ見ぬパリやニューヨークの風の匂いをかぐことができ、新時代の服飾や化粧法も見ることができるのだった。

ファンという名の「新しい民衆」は、西洋そのものである西洋楽器のひびき、そのオーケストラの演奏や主題歌となったシャンソンやジャズを迎え入れ、そのメロディやリズム、トリコロール調の衣裳の色彩や羽根扇の美しさにパリやニューヨークを思い浮かべ、あるいは大階段のスペクタクルにベルリンの街角のさざめきを見たのである。

オーケストラの発展にも寄与

欧米への憧れ、その夢の窓口ともなった西洋音楽の果たした役割は、洋舞の導入と共に、当時の生活文化にとってはかり知れない重要な意味を担っていよう。

とりわけ、宝塚歌劇の発展と共に成長したオーケストラの洋楽普及におよぼした影響力は大きい。

宝塚少女歌劇の楽団は、一九一九（大正八）年に、専任の楽員十三名の編成となり、歌劇には五十名の楽員を擁する日本屈指のシンフォニー・オーケストラとなった。楽員は、東京音楽学校、軍楽隊、大阪三越少年音楽隊出身者が中心となって出発している。

その後、来日中にヨゼフ・ラスカ（元・プラハ王立歌劇場管弦楽団指揮者）を指揮者に迎え、一九二四年に「宝塚交響楽協会」が少女歌劇とは別個に結成され、一九二六年九月に第一回演奏会を開催した。

このコンサートは、一九四二（昭和十七）年まで宝塚と大阪朝日会館を会場に、定期演奏活動をつづけ、百二十九回を数えた。

指揮者のラスカは、「すぐれた西洋音楽を日本文化に導入して、明日の日本的な音楽の創造を刺戟したい」と骨身を惜しまなかったという（白石裕史『宝塚ものがたり』共同通信社）。

この時期に、わが国で定期演奏会を息長くつづけた交響楽団は、近衛秀麿の指揮する新交響楽団（現・NHK交響楽団）と宝塚交響楽協会のみであった。一九三三年には、山田耕筰が入団し、一九三六年まで団所属の指揮者としてタクトを振り、そのあと、近衛秀麿やベルリン・フィルを指揮して帰国した新進・貴志康一も客演指揮を行っている。

その後は、大沢寿人と山本直忠、須藤五郎、朝比奈隆と転々と変わり、ドイツの指揮者ルドルフ・フェッチを迎えた。

その間、当時〝天才少女〟とうたわれた諏訪根自子や辻久子（その父吉之助も一時宝塚管弦楽部の楽員だった）をはじめ、多くの一流演奏者が宝塚交響楽団と共演している。

こうして、宝塚は交響楽運動の関西における一大拠点となり、西洋音楽の普及に貢献し、洋楽趣味の向上と西洋志向を着実なものとしたのである。

また、シャンソンやジャズをはじめとする欧米の流行歌を、なじみやすい日本語に訳して大衆化を実現したのも、宝塚少女歌劇の功績である。つまり、クラシックやジャズ、シャンソンの移入を通して、いち早く西洋を日本に引き寄せ、その理想化された宝塚調の西洋イメージを提示しつづけた窓口がタカラヅカであったのだ。

あるいは、「男装の麗人」の断髪やシルクハットにタキシードといった八頭身スタイルも、レビューやラインダンスといった踊りの躍動感とあいまって、すべてそれらは欧米への憧れを充たす風俗的表徴である。

もともとこの「男装の麗人」は欧米のものであり、たとえば、イギリスではミュージック・ホールの音楽が生まれる一八七〇年代から一貫してスターの座を守りつづけた「男装の麗人」がいた（井野瀬久美恵『大英帝国はミュージック・ホールから』朝日選書）。

その日本への輸入は、一九三〇年代のファッション・モダニズムの一環としてであり、いわゆるモガの時代の象徴でもあった。

白井レビューによって脚光を浴び、大スターとして人気を得た小夜福子や葦原邦子は、その代表的存在となり、彼女らのメーキャップ、その歌声、そしてその一挙手一投足が、「フランス的な甘美な」宝塚調をつくり出し、演出されていったのである。

ほぼ同じ時期に、谷崎潤一郎は欧米への憧れの風潮をとらえて、自分の西洋崇拝をテーマに次々と作品を書いた。彼は「西洋の物と云へば、凡べての事が美しく羨しくなつて来た。私は人間が神を仰ぐやうに西洋を見ずには居られなくなつた」（谷崎潤一郎『独探』一九一五年）と書いた。谷崎を西洋崇拝に走らせた日本嫌悪は、日本の現実についての不満から生まれたといわれているが、こうした欧化の態度に対して、保守主義、国枠主義の立場からの反撃も根強く開始されていった（南博編『大正文化』）。

継承と断絶

以前、私は阪急電鉄広報室主催の「私は駅長」と題する作文コンクールの一審査員を務めたことがある。

この企画は、日頃の駅や電鉄に対する要請やら不満を知るにも適切で、ユニークなものであり、当然、沿線住民の老若男女から多くの貴重な提言やアイデアが寄せられた。

ある児童は、駅に花いっぱい飾る夢を語り、ある人は、自分が駅長になったら、まず老人や身体に障害を持つ人々が、不自由なく乗降できる駅をつくりたいと書いていたのが強く印象に残っている。

なぜ、このことをもち出したかというと、この企画には、小林一三がかつてめざした「共存共栄」「利益の三分主義」の理念がどこかで生きていると感じたからだ。

一三は、経営者や株主の側ばかりでなく、沿線住民に少しでも利益を還元するにはどうしたら良いか、を常に考えつづけ、その実践に努力しつづけた実業家であったことは前にも述べた。

「私は駅長」作文コンクールにも、沿線住民の要望や不満とどう接点を結ぶことができるか、という趣旨があり、これはまさに「利益の三分主義」の考え方の延長線上にある。

小林一三による宝塚戦略を、主としてその生活文化論の視角から、これまでふれてきたわけだが、今日の時点で改めてその過程をふりかえる時、そのなかで何がいまも継承されており、逆にまた断絶したものは何か、が問われてこよう。

一三の「共存共栄」も「利益の三分主義」も、いわば経営が中小企業的段階での理念であり、理想であったわけで、今日のように巨大に成長した阪急・東宝グループの現状にそのまま当てはまるものではあるまい。

だからといって、その「共栄」理念が単にグループ企業名や商品名として存続するだけであるなら、それは形骸化である。

小林一三の着想は多くの面で時代を数歩先に歩いたという観もある。一三の発想した事業が、その何年か後に他の人によって継承され、発展した事例も少なくない。

たとえば、それは阪神電車に引きつがれた甲子園野球大会がそうであり、池田新市街地での購買組合の失敗は、その後別個に出発し、いまや加入組合員百万人となった「コープこうべ」(前・灘神戸生活協同組合)の成功へと発展している。あるいは、一三のビジネス・ホテルのアイデアが、東京・新橋の「第一ホテル」の設立に活かされたエピソードはよく知られていよう。

なお、阪急百貨店の大方針「どこよりも良い品を、どこよりも安く売る」というスローガンは、今日ではどの流通業者にも一般化しており、とりわけそれは、生協運動の標語とも合致し、また、中内功のダイエー・グループのモットーにも引きつがれている。

逆にデパートは阪急ばかりでなく一般に、より高級品化、消費のゴージャス化、殿堂化の方向を志向しており、たとえば、最近では、ミュージアム・デパートをめざす店が出現するなど、転換点を迎えている。

あくまで消費者大衆の利益を第一に考えた一三の消費者志向、「共存共栄」の理念そのものも、企業グループの巨大化、分散化と共にそれが拡散され、見えにくくなっているということはないであろうか。

あるいは、宝塚戦略の核となった宝塚歌劇の現状はどうか。鶴見俊輔は、「小林一三の雄大なユートピア構想の小さな源点として、宝塚少女歌劇だけが今日まで生き残った」として、次のように書いている。

宝塚歌劇は、少女趣味の夢物語にすぎない面をもっているが、同時に、近代の日本にはまれな、女性による自治の場でもあった。三～四百人の少女が幾組かに分かれ、少女の組長・副組長の下の団体生活を続けるという環境は、男女共同の職場にまして、しんの強い女性を生み出した。天津乙女・大江美智子・轟夕起子・乙羽信子・新珠三千代たち、今日の日本に珍しい自立した女性の系列は、宝塚の少女歌劇がつくり出したものだ。（鶴見俊輔・星野芳郎『日本人の生き方』現代新書）

鶴見はさらに、五十周年記念公演にふれ、『シャングリラ』（一九六四年）では、かつての少女趣味は相当変わって、第一に、美しい志をもつ姦通がありうる、という筋を掲げて、現代の習俗に正面からぶつかっている、と指摘している。第二に、「モン・パリ、わがパリ」として外国に理想の国があるという幻をつくることをやめ、地上の理想郷・シャングリラでさえも理想の国ではなく、「ユートピアはわれわれの努力の方向にしかない」ことを示している、という。

たしかに、宝塚歌劇は、しんの強い自立した女性を多数生みだした点で注目され、さらに淡島千景・有馬稲子・浜木綿子・加茂さくらと枚挙にいとまがない。しかも多くの場合、退団後の活躍は、「個性がない」といわれる娘役出身者に目立つのもひとつの特色で、「個性ある」男役出身者は、意外にも「女らしさ」に還り、自立しにくい傾向がある、という。

現在でも、宝塚歌劇が日本の大衆芸術や芸能界での女優供給の宝庫となっている事情に変わりはないが、ただそれだけでよいのかどうか。一三のめざした宝塚歌劇を土台とする国民劇創成の理想は、まだ残されたままである。

小林一三がユニークで信念のある実業家であったのは、そのメセナ的先駆者としての行き方にある。遂には目先の損得抜きに宝塚歌劇の育成に没頭したことが、結果としていかに阪急・東宝グループの成長に大きな力となったことか。それが、今日多くの人に忘れ去られている。阪急・東宝グループにとって、いまや宝塚歌劇の維持発展こそ企業グループの要(かなめ)という自覚の共有が鍵となろう。つまり、生活文化情報産業としての旗じるしが、いま改めて問われる段階に入ったともいえる。

一三の「大衆本位」「家庭本位」「娯楽本位」の原点が宝塚歌劇にあることをあえて強調しておきたい。

いま見直すべき小林一三の精神

いまなぜ、小林一三なのか。

一九八九年の半年間、私は在外研究のためイギリスに滞在した。その間、世界最初の田園都市といわれるロンドン郊外のレッチワースやらウェルウィン・ガーデン・シティを何回か訪れた。小林一三らの田園郊外都市宣言の系譜をたどり、現地を実感するのが目的だった。

一三の田園郊外都市構想は、池田室町と箕面の住宅地経営でほぼ挫折し現実には実らなかった。しかし、その「田園趣味の模範的郊外生活」の理想は、いまこそ見直すべきユートピア思想のひとつではなかろうか。

もちろん、すでに指摘されているように、一三の郊外ユートピアの理念は、欧米の田園都市（ガーデン・シティ）運動にみられる社会改革や協同社会論の理想とは離れているが、行き詰まった大都市の住宅計画をどう打開すべきかという意欲の面では共通していた。

その先駆となったのが、内務省地方局有志編『田園都市』（一九〇七年刊）である。この覆刻版（講談社学術文庫）の解説で、香山健一は、「日本型田園都市国家への成熟こそが、むしろ日本にとって自然な歴史的道行き」だったのではないか、として次のように書いている。

日露戦争の勝利に酔いしれていた明治四十年に、本書をとりまとめた内務省地方局のスタッフの脳裡をかすめていたのは、やがて日中戦争後、第二次大戦に連なっていくこととなった運命の「富国強兵」への道ではなくて、「富国富民」、豊かな自然と文化に彩られた田園都市国家建設への平和的な道についていての夢だったのではなかろうか。

この理想を、郊外住宅地経営という形で商業主義的に実現しようと試みたのが、小林一三であり、いわば「日本型田園都市国家」論の系譜を受けつぎ、いち早くそれを実行に移した最初の実業家であった。

一三もあくまで「自然の風趣」「天然の美」を尊重し、豊かな田園趣味と都市の利便を結びつけ、その調和をはかろうと都市改造を推し進めた。その後も一三の都市生活文化へのイメージは、自然と近代との混然たる総合的都会美という点で一貫しており、それらは、都市改造案にも観光レジャー開発にも基本視角となっていよう。

その点、今日みる安易な自然破壊によるいわゆるリゾート立国論という乱開発とは一線を画しており、一三の郊外ユートピアはより自然優位を重視した総合的都会美による住宅立国論であるところに面目があった、というべきであろう。

現在もまた将来も日本にとって不可欠なビジョンのひとつが、かつての内務省地方局有志が構想し、そして小林一三へと受けつがれた田園都市国家への理想そのものなのである。

小林一三は今日、大正文化に代表的な「考える経営者」群のひとりと数えられている。日本的経営家族主義の典型とみなされる武藤山治（鐘紡）をはじめとして、三井系の藤山雷太、藤原銀次郎、池田成彬、和田豊治、そして小林一三、それに三菱の四代目岩崎小弥太など、当時の資本家階級の「新しい波」とみられる自由主義経営の旗手たちである（南博編『前掲書』）。

一三のモットーも、労使対立の前に「共存共栄」すべきことを強調し、率先垂範して勤倹力行に努めることを第一とした。「議論する暇があったら、先ず働け」という「働くこと」第一主義であり、そこに自らを高める道があるといった向上主義でもある。

自他共に利益することによって繁昌するという信念で、消費者の利益尊重がその前提という考え方である。当たれば儲かる、ただ儲かれば良いといった賭け的商売を排し、事業として否定している。そして、たとえ利回りが少なくとも、大衆本位に堅実を旨として誠実にことに当たるべきという精神である。「毎度ご乗車有難うございます」という挨拶に象徴されるお客様本位の自由主義競争による経営方針である。

こうした率先垂範型の勤勉第一主義の経営者像は、経営組織の小さい、いわば中小企業主層に典型的なものともいえようが、そこにはかつての健康な資本主義精神をみることもできる。

「貧富の差のひどいこと」「差別待遇が甚だしいこと」、それに「資本家の子は資本家に、職工の子は職工に」といった階級差別をなくさねばならぬと考えている。

五大金融財閥の独占を打破し、「国民のすべてが住むに家あり、食ふに困らない世の中」、いわばすべての人が中産階級となる社会が理想である。

働きたい人々には仕事が与へられ、その受ける報酬は人間の生活を保障するに充分なものであれば、働く大衆は政治の有難さを謳歌し、その働きは社会のためだといふ自覚にほゝえんで誰もが明朗になる。（「ユートピアを語る」『次に来るもの』）

一三のいう資本主義のユートピアは、働くことが酬われる社会の到来であり、そこに資本家ならではの楽天主義が窺われるが、いずれにせよ、そうした資本主義の〝健康な〟精神はいまや喪われつつあるのではないか。

世はまさに一攫千金を夢みるバブル経済社会と化し、大手都市銀行すらが濡れ手で粟の汚れた事業に恥も外聞もなく進出している。

現在なお進行中の土地・住宅政策の無策、不在、その結果としての不当な土地高騰現象は、一三の資本主義精神と真っ向から対立するものであろう。

「次に来るものは何か」

さらに、小林一三の現実主義、生活合理主義は、常に未来志向をもっているところに特徴がある。本質的には保守主義的といえるが、現状を絶えず点検し、これで良いのかと常識や習俗を疑い、そこに問題を発見すれば、次に来るものは何か、と立ち向かうのである。

後のふりかえるより、長期の見通しに立った実践本位の「一歩前進」主義である。著作にも『次に来るもの』（一九三六年）をはじめとして、『日本はどうなる』（一九三七年）、『戦後はどうなる』（一九三八年）、『事変はどう片づくか』（一九三九年）などなど近未来への関心が強く、現状への安住を好まない。

その未来志向、次に来るものへの関心を示すいくつかのエピソードがある。

たとえば、東宝の入場切符は一三の発案により開業当初から「枝折」として美術的にできており、当初は大変評判が良く、独創的なアイデアとして迎えられた。誰もその好評を疑う者はいなかったが、一三は、開場九ヵ月にして、「一、まだあの形式を持続すべきものであるか。一、費用と広告収入と永久にウマクいくか。一、他の劇場と同様の切符にしてナゼイケナイカ。一、随分、未使用のムダが多いと思ふ。ア、言ふ立派な枝折を反古にするのであるから、果してソロバンがとれてゐるか。等いろ〳〵に考えさせられる。調査を乞ふ」（那波光正『小林一三翁が遺されたもの』）と、社員にたえず検討と反省を求めたという。

常に現状に甘んじることなく、点検を怠らず、次にどうなるかの用意に、より比重を置く姿勢である。しかもその対象は、果して日本資本主義はどうなるか、といった問題から、枝折広告の将来やライスカレーの味にまでおよぶのである。

たとえば、また一三には、古き良き浅草への愛着も強い一方、浅草がすたれるならばそれもよし

「古く暗きもの滅ぶべし」といった合理主義が共存している。都市生活文化の変化、社会情勢の変動によって「浅草風俗」は当然大きな変化を受ける。さて、次に来るものは何かと受けとめるのである。あるいは、一三の国民劇創成の理想は、一面で「西洋音楽を加味した歌舞伎劇の大成」である。その点で松竹が歌舞伎を「保存すべき芸術」としてとらえているのに対し、一三は、「歌舞伎劇は変化すべき芸術なり、何となれば、歌舞伎劇は国民劇であるから」と主張している。

一三の社会認識のどこかに、変化するものが常態といった考え方がある。彼の出発がそもそも何もない人工都市・宝塚からであり、その変貌の過程を見つづけながら、次々と新たな経営戦略を積み重ねていったのである。

そしてそのプロセスで一三は、単なる利益第一主義ではない「共存共栄」への強い信念と生活文化事業としての将来性への自信を確かにしたのであった。

一三は最後まで、歌劇も遊園地も住宅地経営やら百貨店経営でもあらゆる関連事業でアマチュア性を重視した。プロとしての慣れよりも、素人の率直さ、謙虚さ、実行力に重点を置くことで事業経営の活気を掘り起こした。そしてその底には、「大衆本位」「家庭本位」「娯楽本位」の事業経営へのゆるがぬ信念があった。小林一三はそうした志を何よりも大切に考え、それを実行した最後の実業家であった。今日〝志〟を失った企業があまりにも多いが、かつての小林一三の精神からいま、学ぶべきことも少なくない、と思う。

あとがき

京都・法然院で、現代風俗研究会（初代・桑原武夫会長、現・多田道太郎会長）の設立総会が開かれたのは、一九七六年九月。その直後、私は会員有志に呼びかけて、現風研のプロジェクト・チームのひとつとして、「宝塚」研究グループをつくった。

その二年後の現風研の会合で、「小林一三の余暇思想」について報告し、それを、年報『現代風俗'83』に載せてもらった。

私が、小林一三に関心をもった理由は〈序〉に書いた通りだが、この研究グループをつくった直接のきっかけは、次の二著の啓発によるところが大きい。

南博編著『大正文化』（勁草書房、一九六五年）と鶴見俊輔・星野芳郎『日本人の生き方』（講談社現代新書、一九六六年）とである。まず、このふたつの著作から、「宝塚」は研究対象としても意外な拡がりをもち、現代日本の生活文化を考える上で、たくさんの重要ヒントがあることを改めて教えられた。

とりわけ、鶴見俊輔先生の「女性の変わりよう——宝塚歌劇五十年の秘密——」という一文に導かれて研究グループも歩み始めた。

このことを銘記して感謝の意を表します。

また、本書に引用し、参考にさせていただいた先学の諸著作から多くのことを学ぶことができた。さらに、新しい文献資料の収集、探索にあたっても、この十五年間に、多くの方々や図書館など関係諸機関にお世話になり、協力を得た。

すべてのお名前をあげることはできないが、たとえば、甲南大学教授井上忠司氏からは、絶版中の『小林一三全集』(全七巻)を譲っていただき、成城大学教授有山輝雄氏には、小林一三と徳富蘇峰との関係を示す新資料のご教示を得た。

さらに、本書に、関係資料や写真等の掲載を許していただいた阪急電鉄㈱広報室、㈶阪急学園池田文庫、ならびに宝塚歌劇団には厚く御礼申し上げたい。

とくに、阪急学園池田文庫の皆さん、なかでも、池田文庫館長兼㈶逸翁美術館副館長の大内芳亮氏には、貴重な文献資料類の閲覧に便宜を図っていただいたほか、小林一三と安部磯雄との関係など逸翁に関する得難いご教示をいただくことができた。

阪急電鉄㈱創遊本部創遊企画室調査役の貴多野乃武次氏には、社内誌『阪急』(一九七七年四月号)に博覧会についてのエッセイを書かせてもらったご縁で、以来今日に至るまで親しくご教示を得ている。本書執筆に際しても数々の貴重な示唆と温かい励ましを受けた。

最後に、本書の編集・出版については、ひとえに講談社学芸図書第一出版部長・鷲尾賢也氏の、実に辛抱強く、温かな励ましのお蔭である。現風研での小さな発表に目を止めて、本書執筆の機会を与えてくださった。結局、原稿はのびのびとなり、面倒をおかけしてしまったが、その後も的確なご指摘と忍耐でリードしていただいた。また、編集作業では、学芸図書第一出版部の石坂純子氏に大変お世話になった。

これらすべての方々に、心から御礼申し上げます。本当に、有難うございました。

なお、本書の校正、印刷、製本、装幀等を担当していただいた関係者各位にも、この場を借りて、感謝申し上げます。

一九九一年　春

津金澤聰廣

主要引用参考文献一覧

〈小林一三の著作〉

小林一三全集編集委員会編『小林一三全集』（全七巻）ダイヤモンド社、一九六一〜六二年
全集のほか、左記の原著参照
『増補日本歌劇概論』宝塚少女歌劇団、一九二五年
『続・歌劇十曲』宝塚少女歌劇団、一九二六年
『雅俗山荘漫筆』（第一〜第四）、私家版、一九三二〜三三年
『私の行き方』斗南書院、一九三五年
『私の見たソビエト・ロシヤ』東宝書房、一九三六年
『次に来るもの』斗南書院、一九三六年
『戦後はどうなる』青年書房、一九三八年
『事変はどう片づくか』実業之日本社、一九三九年
『芝居ざんげ』三田文学出版部、一九四二年
『雅俗三昧』雅俗山荘、一九四六年
『逸翁らくがき』梅田書房、一九四九年
『逸翁自叙伝』阪急電鉄、一九七九年

『宝塚漫筆』阪急電鉄、一九八〇年

(評伝等)

村島帰之『小林一三』国民社、一九三七年
三宅晴輝『小林一三伝』東洋書館、一九五四年
小林一三翁追想録編纂委員会編集・発行『小林一三翁の追想』一九六一年
波木井皓三「小林一三論」『講座現代芸術Ⅳ』勁草書房、一九六一年
三宅晴輝『小林一三』(現代伝記全集8)日本書房、一九六二年
青地晨「小林一三」『20世紀を動かした人々16』講談社、一九六二年
石黒英一『ケチで儲けろ・阪急の集団商法』徳間書店、一九六九年
小島直記『星雲─小林一三の青年時代』評論新社、一九七一年
岩堀安三『偉才小林一三の商法』評言社、一九七二年
清水哲男「小林一三」『人物昭和史2』筑摩書房、一九七八年
前田和利「小林一三」『日本の企業家(3)』有斐閣新書、一九七八年
丸尾長顕『回想小林一三』山猫書房、一九八一年
三神良三『アイデア商法の天才・小林一三に学ぶ』実業之日本社、一九八一年
阪田寛夫『わが小林一三─清く正しく美しく─』河出書房新社、一九八三年
邱永漢『日本で最もユニークな経営者─小林一三伝─』日本経済新聞社、一九八三年
三神良三『小林一三・独創の経営』ＰＨＰ研究所、一九八三年

中内功編『小林一三・経営語録』ダイヤモンド社、一九八四年
山崎正和「小林一三」丸谷才一編『言論は日本を動かす10』講談社、一九八五年
矢野一郎『田園調布の大恩人・小林一三翁のこと』矢野恒太記念会、一九八六年
小島直記『鬼才縦横―小林一三の生涯―』（上、中、下巻）PHP文庫、一九八六年
吉永慶「小林一三」『ビジュアル版・人間昭和史⑤実業界の巨頭』講談社、一九八六年
熊倉功夫「解説」『小林一三・新茶道』講談社、一九八六年
大原由紀夫『小林一三の昭和演劇史』演劇出版社、一九八七年
堤清二「解説」小林一三『逸翁自叙伝』図書出版社、一九九〇年
阪田寛夫『わが小林―清く正しく美しく―』河出文庫、一九九一年（付、辻井喬「解説」）

（阪急・東宝社史等）

『阪神急行電鉄二十五年史』阪神急行電鉄㈱、一九三二年
『宝塚歌劇四十年史』宝塚歌劇団出版部、一九五四年
『京阪神急行電鉄五十年史』京阪神急行電鉄㈱、一九五九年
『東宝三十年史』東宝㈱、一九六三年
『宝塚歌劇五十年史』宝塚歌劇団出版部、一九六四年
『宝塚歌劇の60年』宝塚歌劇団出版部、一九七四年
『株式会社阪急百貨店二十五年史』阪急百貨店㈱、一九七六年
『75年のあゆみ』（記述編、写真編）、阪急電鉄㈱、一九八二年

『東宝五十年史』東宝㈱、一九八二年
『宝塚歌劇の70年』宝塚歌劇団出版部、一九八四年
上田善次編『宝塚音楽学校』（改訂版）読売ライフ、一九八六年
『阪急ブレーブス五十年史』阪急電鉄㈱、一九八七年
『ハンドブック阪急'90』阪急電鉄㈱、一九九〇年

（参考文献）

安部磯雄『理想の人』金尾文淵堂、一九〇六年
内務省地方局有志編『田園都市』博文館、一九〇六年（講談社学術文庫版『田園都市と日本人』一九八〇年）
安部磯雄『社会問題概論』早稲田大学出版部、一九二一年
大阪市社会部調査課編『余暇生活の研究』弘文堂書房、一九二三年（生活古典叢書第八巻『余暇生活の研究』復刻版、光生館、一九七〇年）
中村三徳編『大阪毎日新聞慈善団二十年史』大阪毎日新聞慈善団、一九三二年
阿部真之助『新人物論』日本評論社、一九三四年
本多助太郎編『朝日新聞七十年小史』朝日新聞社、一九四九年
社史編纂委員会編『毎日新聞七十年史』毎日新聞社、一九五二年
五島慶太『七十年の人生』要書房、一九五三年
杉山胤太郎編『問答有用Ⅱ―夢声対談集―』朝日新聞社、一九五三年

三鬼陽之助『五島慶太伝』東洋書館、一九五四年
清水雅『小林一三翁に教えられるもの』梅田書房、一九五七年
山本為三郎『上方・今と昔』文芸春秋新社、一九五八年
朝日新聞社史編修室編『上野理一伝』朝日新聞社、一九五九年
鶴見俊輔他『日本の百年5』筑摩書房、一九六二年
鶴見俊輔「大正期の文化」『岩波講座・日本歴史19、近代2』岩波書店、一九六三年
『慶應義塾百年史』（中巻）慶應義塾、一九六四年
小林米三他『宝塚』淡交新社、一九六四年
高木史朗『宝塚花物語』秋田書店、一九六四年
南博監修、社会心理研究所編『社会心理史』誠信書房、一九六五年
南博編『大正文化』勁草書房、一九六五年
和田克巳『タカラジェンヌに栄光あれ』神戸新聞社、一九六五年
鶴見俊輔・星野芳郎『日本人の生き方』講談社現代新書、一九六六年
朝日ジャーナル編集部編『昭和史の瞬間（上）』朝日新聞社、一九六六年
白井鐵造『宝塚と私』中林出版、一九六七年
瓜生忠夫『マス・コミ産業』法政大学出版局、一九六八年
加藤秀俊『都市と娯楽』鹿島研究所出版会、一九六九年
那波光正『小林一三翁が遺されたもの』文芸春秋、一九六九年

小林米三『見たこと聞いたこと感じたこと』（私家版・小林公平刊）一九七〇年
宮本又次『大阪繁昌記』新和出版、一九七三年
山本光雄『日本博覧会史』理想社、一九七三年
田村紀雄「大衆娯楽の演出者」仲村祥一編『現代娯楽の構造』文和書房、一九七三年
上田善次『宝塚スター・その演技と美学』読売新聞社、一九七四年
熊井戸立雄編『ファッションと風俗の70年』婦人画報社、一九七五年
宝塚市史編集専門委員編『宝塚市史』（全八巻）宝塚市、一九七五〜八一年
山本明「社会生活の変化と大衆文化」『岩波講座・日本歴史19、近代6』岩波書店、一九七六年
上原巌編『大正・昭和女性の風俗六十年』主婦之友社、一九七七年
余田博通「温泉と歌劇」「宝塚レビュー」『宝塚市史第三巻』一九七七年
岡本良一、守屋毅編『明治大正図誌第11巻大阪』筑摩書房、一九七八年
毎日新聞社編『タカラヅカ』毎日新聞社、一九七八年
天津乙女『清く正しく美しく』宝塚歌劇団、一九七八年
松竹歌劇団編『レビューと共に半世紀—松竹歌劇団50年のあゆみ—』松竹歌劇団、一九七八年
多田道太郎『風俗学—路上の思考—』筑摩書房、一九七八年
葦原邦子『わが青春の宝塚』善本社、一九七九年
柏木博『近代日本の産業デザイン思想』晶文社、一九七九年
竹村民郎『大正文化』講談社現代新書、一九八〇年

稲垣達郎『阪急沿線文学散歩スケッチ集』阪急電鉄広報課、一九八〇年
山本武利『近代日本の新聞読者層』法政大学出版局、一九八一年
熊野紀一『阪急沿線歴史紀行』阪急電鉄広報課、一九八一年
熊野紀一「宝塚文化」『宝塚市史第八巻』宝塚市、一九八一年
村岡実『日本のホテル小史』中公新書、一九八一年
和久田康雄『日本の私鉄』岩波新書、一九八一年
石川弘義編著『娯楽の戦前史』東京書籍、一九八一年
『上方芸能第七〇号』（特集・宝塚）上方芸能編集部、一九八一年四月
南博編『日本モダニズムの研究』ブレーン出版、一九八二年
角山栄・川北稔編『路地裏の大英帝国』平凡社、一九八二年
ヴォルフガング・シベルブシュ（加藤二郎訳）『鉄道旅行の歴史』法政大学出版局、一九八二年（原典・一九七九年）
高木史朗『レビューの王様―白井鐵造と宝塚―』河出書房新社、一九八三年
田辺聖子『夢の菓子を食べて―わが愛の宝塚―』講談社、一九八三年
芦谷広安編『新月ここに―関西学院九〇年―』毎日新聞阪神支局、一九八三年
伊藤邦輔『拍手のなかに』毎日新聞社、一九八三年
南博編集・解説『日本モダニズム』（現代のエスプリ No.188）至文堂、一九八三年
津金澤聰廣「小林一三の余暇思想」『現代風俗'83』現代風俗研究会、一九八三年

中藤保則『遊園地の文化史』自由現代社、一九八四年
小林公平『花の道・抄―タカラヅカ私史』講談社、一九八四年
白石裕史『宝塚ものがたり』共同通信社、一九八四年
宇佐見正『タカラヅカ―夢の向こう側』大阪書籍、一九八四年
棚田真輔他『プレイランド六甲山史』出版科学総合研究所、一九八四年
神戸新聞阪神総局編『おお、タカラヅカ』神戸新聞出版センター、一九八四年
香村菊雄『愛しのタカラヅカへ』神戸新聞出版センター、一九八四年
志摩修『ザ・宝塚』大陸書房、一九八四年
D・W・プラース（井上俊・杉野目康子訳）『日本人の生き方』岩波書店、一九八五年（原典・一九八〇年）
日本経営史研究所編『阪神電鉄80年史』阪神電鉄、一九八五年
橋下徹編著『宝塚市制三十年史』宝塚市、一九八五年
乙羽信子『どろんこ半世紀』朝日文庫、一九八五年
近藤勝重『大阪スペクタクル』三省堂、一九八五年
作道洋太郎「関西私鉄グループの企業家群像」宮本又次編『企業家群像―近代大阪を担った人々―』清文堂出版、一九八五年
杉原薫・玉井金五編『大正・大阪・スラム』新評論、一九八六年
大笹吉雄『日本現代演劇史（大正・昭和初期篇）』白水社、一九八六年
葦原邦子『わが歌人生』国書刊行会、一九八六年

イアン・ビュルマ（山本喜久男訳）『日本のサブカルチャー』ＴＢＳブリタニカ、一九八六年
山本武利・津金澤聰廣『日本の広告』日本経済新聞社、一九八六年
高山宏『パラダイム・ヒストリー』河出書房新社、一九八七年
Ｊ・Ｆ・キャソン（大井浩二訳）『コニー・アイランド』開文社出版、一九八七年（原典・一九七八年）
Ｗ・アシュワース（下総薫監訳）『イギリス田園都市の社会史』御茶の水書房、一九八七年（原典・一九五四年）
吉見俊哉『都市のドラマトゥルギー』弘文堂、一九八七年
山口廣編『郊外住宅地の系譜』鹿島出版会、一九八七年
片木篤『イギリスの郊外住宅』住まいの図書館出版局、一九八七年
酒田正敏・坂野潤治他編『徳富蘇峰関係文書』（近代日本史料選書７―３）山川出版社、一九八七年
寺下勍『博覧会強記』エキスプラン、一九八七年
栗山良八郎『宝塚海軍航空隊』文春文庫、一九八七年
佐藤健二「新聞社の社会文化事業」川添登、山岡義典編著『日本の企業家と社会文化事業』東洋経済新報社、一九八七年
仲村祥一『生きられる文化の社会学』世界思想社、一九八八年
橋本雅夫『サ・セ・宝塚』読売新聞社、一九八八年
ＩＮＡＸギャラリー大阪特別企画『大正「住宅改造博覧会」の夢』ＩＮＡＸ大阪ショールーム、一九八八年
園田英弘「『まじめな』盛り場の成立」井上忠司編『都市のフォークロア』ドメス出版、一九八八年

猪瀬直樹『土地の神話』小学館、一九八八年
創立100周年記念事業委員会編『関西学院の100年』関西学院、一九八九年
新井政治『レジャーの社会経済史』東洋経済新報社、一九八九年
木津川計『大坂の曲がり角』東方出版、一九八九年
井野瀬久美恵『大英帝国はミュージック・ホールから』朝日選書、一九九〇年
ロバート・フィッシュマン（小池和子訳）『ブルジョワ・ユートピア—郊外住宅地の盛衰—』勁草書房、一九九〇年（原典・一九八七年）
橋爪紳也『明治の迷宮都市』平凡社、一九九〇年
杉山光信、吉見俊哉他「近代日本におけるユートピア運動とジャーナリズム」『東大新聞研究所紀要』第41号、一九九〇年
石川弘義他編『大衆文化事典』弘文堂、一九九一年

小林一三・略年譜

年	歳	事跡
一八七三(明治6)	0	一月三日、山梨県北巨摩郡韮崎町（現・韮崎市）に生まれる
一八九二(明治25)	19	十二月、慶應義塾大学を卒業
一八九三(明治26)	20	四月、三井銀行入社 九月、大阪支店に転勤
一九〇七(明治40)	34	一月、三井銀行退職 四月、阪鶴鉄道監査役となる 六月、箕面有馬電気軌道㈱創立の追加発起人となる 十月、同右創立総会にて専務取締役に就任
一九〇九(明治42)	36	開業に先立ち、秋に沿線住宅地経営の宣伝パンフレット『如何なる土地を選ぶべきか、如何なる家屋に住むべきか』を発行（私鉄沿線の住宅地開発のはしり）
一九一〇(明治43)	37	三月十日、宝塚線・箕面支線営業開始 十一月、箕面動物園を開く
一九一一(明治44)	38	五月、宝塚新温泉の営業開始 十月、箕面動物園にて、山林子供博覧会を開催（私鉄の誘客目的のこの種の催しとして日本最初）
一九一三(大正2)	40	三月、宝塚新温泉において「婦人博覧会」を開催 五月、豊中運動場完成（大正四～五年、大阪朝日主催第一、二回全国中等学校優勝野球大会を開催） 七月、宝塚唱歌隊（後に少女歌劇）を組織する

一九一四（大正3）	41	四月一日、宝塚新温泉パラダイス劇場において、「婚礼博覧会」の余興として宝塚少女歌劇第一回公演を開く
一九一八（大正7）	45	二月、箕面有馬電気軌道㈱を阪神急行電鉄㈱と社名変更（略称、阪急電鉄） 五月、宝塚少女歌劇東京初公演（帝国劇場） 十二月、宝塚音楽歌劇学校創立認可され、校長に就任
一九二〇（大正9）	47	七月、神戸線本線と伊丹支線開通。「きれいで、早うて、ガラアキ」という広告コピーが評判となった 十一月、梅田に阪急ビルディング（旧館、五階建）竣工、二階に食堂を開設
一九二四（大正13）	51	二月、職業野球団宝塚運動協会設立 七月、大劇場主義を実現する四千人収容の宝塚大劇場が竣工。また、㈱宝塚ルナパーク開業、東京横浜電鉄㈱（後の東急）監査役に就任
一九二五（大正14）	52	五月、㈱宝塚ホテル設立 六月一日、阪急ビルの二階と三階に直営マーケット開業。食堂は四、五階で営業（日本最初のターミナル・デパート） 十二月、目黒蒲田電鉄㈱監査役に就任
一九二七（昭和2）	54	三月、阪急電鉄取締役社長に就任 七月、東京電燈㈱（東京電力の前身）取締役に就任 九月、宝塚大劇場の花組公演『モン・パリ』が日本最初のレビューとして大評判となる
一九二九（昭和4）	56	三月、梅田阪急ビル（新館）第一期工事竣工 四月十五日、阪急百貨店開業 七月、六甲山ホテル開業 八月、阪急自動車㈱設立
一九三二（昭和7）	59	一月、宝塚文芸図書館開館

一九三三（昭和8）	60	八月、㈱東京宝塚劇場創立、取締役社長に就任
		十一月、東京電燈㈱社長に就任
一九三四（昭和9）	61	一月、東京宝塚劇場竣工。阪急電鉄社長を辞任し会長に就任 二月、日比谷映画劇場開場（入場料五十銭均一の外国映画上映館として画期的な人気となる）
一九三五（昭和10）	62	三月、日本劇場（日劇）を東宝経営とし、有楽座開場（東宝劇団初公演） 九月、欧米視察の旅につく（翌年四月帰国）。『私の行き方』を出版
一九三六（昭和11）	63	一月、阪急職業野球団（阪急軍）結成 十月、阪急電鉄会長を辞任
一九三七（昭和12）	64	三月、㈱梅田映画劇場設立、社長に就任。㈱第一ホテル相談役に就任（開業は翌年） 五月、西宮球場開設 九月、写真化学研究所・PCL・東宝映画配給・JOを合併し、東宝映画㈱を創立、相談役となる。帝国劇場㈱を吸収合併
一九三八（昭和13）	65	四月、江東楽天地（遊園地）開場 六月、東宝は㈱後楽園スタヂアムを経営することとなる 十月、宝塚少女歌劇訪独伊芸術使節団派遣（翌年三月帰国）
一九三九（昭和14）	66	三月、日本軽金属㈱を設立、社長に就任 四月、宝塚少女歌劇訪米芸術使節団派遣（七月帰国）
一九四〇（昭和15）	67	東京電燈の社長兼務を辞任（会長はそのまま）、遣伊経済使節としてイタリア訪問 七月、第二次近衛内閣の商工大臣に就任。特派使節として蘭印に赴く 十月、宝塚少女歌劇を「宝塚歌劇」と改称
一九四一（昭和16）	68	官僚統制派の岸信介商工次官を辞任させたが、軍・官僚の反撃で大臣を追われ、貴族院議院に勅選

一九四三（昭和18）	70	阪神急行電鉄（阪急電鉄）は京阪電気鉄道㈱と合併し、社名を京阪神急行電鉄㈱と変更。また、㈱東京宝塚劇場は東宝映画㈱と合併、社名を東宝㈱と変更
一九四五（昭和20）	72	十月、幣原内閣の国務大臣兼戦災復興院総裁に任ぜられる
一九四六（昭和21）	73	三月、公職追放令により追放される（東宝争議始まる。一九四八年妥結）
一九五一（昭和6）	78	八月、追放解除、宝塚音楽学校校長に就任 十月、東宝社長に就任（一九五五年82歳で辞任）（九月、新日本放送、阪急ビル西館で開局）
一九五二（昭和27）	79	欧米映画界視察のため外遊（十月～十二月）。浅草宝塚劇場開場
一九五三（昭和28）	80	十二月、東宝は有楽座と大阪難波の南街劇場においてわが国初公開のシネマスコープ『聖衣』を独占上映
一九五六（昭和31）	83	㈱新宿コマ・スタジアム、および㈱梅田コマ・スタジアム設立、社長に就任
一九五七（昭和32）	84	一月二十五日、大阪府池田市の自邸にて急逝。宝塚大劇場において宝塚音楽学校葬が執り行われた

資料：小林一三翁追想録編纂委員会『小林一三翁の追想』（一九六一年）より作成

東京に残した足跡

第一生命の前会長・矢野一郎が米寿の折、口述の形で書き遺した『田園調布の大恩人　小林一三翁のこと』という小冊子がある。

これは、一九八六（昭和六十一）年に財団法人矢野恒太記念会から社団法人田園調布会会員に配布する目的で発行されたもので、田園調布の生い立ちの歴史を知る人がほとんどいない今、今日に至る先人の努力、とりわけ「一番大事な」「小林一三翁の恩」を末永く語り伝えたいという主旨のものである。つまり、田園都市株式会社による事業は一九一八（大正七）年から約十年間に、渋沢栄一から矢野恒太（第一生命創立者）へ、矢野から小林一三へとつながってゆき、最後に五島慶太によって結ばれたというわけだが、「その大部分は小林さんの功績」であると強調されている。

「もし小林さんが無かったら、田園調布も生れず、東急も出来なかったでしょう」といい切っている。

なぜ、そんな大事なことが忘れ去られてきたのか。当時箕面有馬電気軌道株式会社（阪急電鉄の前身）の専務として宝塚沿線の〝田園郊外住宅地〟開発に先鞭をつけ、実績をあげていた小林一三に、渋沢と矢野は注目し、「田園都市株式会社」の事実上の社長就任を依頼した。

はじめ小林は「一人一業主義」を理由に断りつづけたが、結局、三つの条件、すなわち、絶対に名を出さないこと、報酬は一切受けない、現在の社業に影響を与えないよう、毎月一回日曜日に上京出張して役員会に出勤するという条件で引き受けた。

翌月は前月に指示したことが実行されたかどうか厳しく調べ、経営を立て直し、たとえば、最初に計画された雛壇式整地案も、小林の宝塚線・池田室町での経験（起伏部を平地に整地したため経費も余計にかかり、排水も悪く、景観も平板化したなどの反省）を踏まえて全面的に変更し、自然の起伏を活用して販売することとした。

田園都市会社発足以来の「複雑多難な内部事情」もこの冊子に書かれているが、要するに当時の武蔵電気鉄道、荏原電鉄、目黒蒲田電鉄を合わせて東京横浜電鉄とし、小林一三は、その専務に五島慶太を据え（一九三六年に社長就任）、その後は五島の才腕によって今日の大東急電鉄にまで成長したというわけである。

「その初期には、小林さんはこの東京横浜電鉄を、阪急の弟会社として徹底的にAからZまで指導して育てられ、職員の養成、実務の研修、食堂、ターミナル百貨店の創設等すべて手を取るように親切に教えられました」と矢野一郎は述べている。

五島慶太自身もその著『七十年の人生』（要書房　一九五三年）の中で、実業家になって以来三十年間というもの、一に小林一三の知恵を借り、何でも相談に行った、と次のように書いている。

「また私には篠原三千郎という友人がいる〈中略〉。私はこの篠原という友人を前の楯においた。そして小林一三を後のつっかい棒にした」「実業界に入ってからはほんとうに敬意を表して、私が相談相手にしたのは篠原と小林だけだ」「終始一貫自分が智恵を借りて自分の決心を固めたものは小林一三だ。百貨店も全く小林の智恵により、阪急百貨店と同じようなものをつくった」

矢野恒太は、こうして東横電鉄が順調に軌道に乗り、田園調布の開発も成功し、渋沢栄一の委嘱にこたえることができたことを喜び、小林一三の援助に心から感謝し、一九二六年に同氏を第一生命の監査役に迎え入れたということである。当時の第一生命社外取締役には服部金太郎、大橋新太郎、森村市左衛門等の財界の大物が居並んでおり、小林はその仲間入りによって、初めて東京の財界人として認められることになった。

小林一三は、まさに田園調布の大恩人として、また大東急の基盤を築いたひとりとして東京財界に地歩を占めることができたが、さらにその実績や阪急電鉄の経営ぶりを見直され、当時内容が悪化していた東京電燈（現・東京電力）の立て直しを依頼された。

これは東京電燈の大口債権者だった三井銀行の池田成彬（しげあき）に口説き落された形で、一九二七（昭和二）年七月、東京電燈取締役に就任した（この年三月には、阪急電鉄社長に就任、九月には宝塚大劇場で日本最初のレビュー『モン・パリ』が上演され、大人気となった）。

翌年には、副社長に就任、余剰電力の消化のため、昭和肥料株式会社を創立、一九三三年に東京電燈社長となり、一九四〇年まで社長として経営合理化の陣頭指揮をとり、また日本軽金属株式会社の設立、社長就任など、東京電燈の立て直しを見事にやってのけた。かつての「大阪の電車屋」「関西財界のはりねずみ」から改めて、日本の一流の財界人として押しも押されもせぬ存在となっていった。

この東京電燈立て直しの時期は、その後の東宝（すなわち東京に進出した宝塚）創立に至る東京宝塚劇場創立の時期とも重なり、その敷地もたまたま東京電燈の地所を正当な手続きのもとで買い入れる形で出発している。

日比谷、有楽町をアミューズメント・センターに　小林一三は、甲州（山梨県）韮崎の生まれだが、十五歳の時、慶應義塾に学ぶため上京、十九歳で卒業している。この間、自叙伝等によれば、浅草にもよく遊びに行き、また寄宿舎の近くの麻布・三座（森元座、開盛座、寿座）では毎月芝居を見て〝劇通〟になったと述懐しており、その後も暇さえあれば浅草に遊ぶことにつとめたという。

浅草という盛り場は、物持ち金持ちがいって威張っていない。また事実威張れる所でもない。浅草へ行くと純粋の大衆一団になってしまう不思議な作用がある。だから、浅草はいろんな物を生み出し、育て上げる力がある。物真似や流行でなく、大衆それ自体から新しいものが創造される。それが浅草を忘れられないひとつの理由だという（小林一三著『私の生活信条』実業之日本社　一九五三年より）。

ただし、浅草の大衆性はもっぱら独身男性の娯楽中心であり、今や、女性や子どもら「家庭本位」

の文化的娯楽施設、「高尚なる」遊覧地帯が求められていると小林一三は考えるに至る。

一九一四（大正三）年、沿線への誘客戦略の一環として宝塚少女歌劇第一回公演を行って以来、宝塚少女歌劇の東京進出はいわば夢だった。その夢を四年後の一九一八年に当時の第一級劇場である帝国劇場で五月の一週間実現することができた。この年二月、箕面電鉄は阪神急行電鉄（阪急電車）と社名変更し、八月には雑誌『歌劇』を創刊、十二月には宝塚音楽歌劇学校創立が認可され、小林一三は校長に就任している。

この宝塚少女歌劇の帝劇初公演について、小山内薫が『時事新報』で将来の本当の日本歌劇が宝塚から生まれてくるのではと絶讃し、踊りについても「あゝいう大胆な試みから、日本在来の踊りでもない西洋のダンスでもない一種新しい日本の踊」が生まれてくるのではないか、と書いた（雑誌『歌劇』創刊号　一九一八年）。小林は早速この文を『歌劇』創刊号に転載したほどで、東京での予想以上の好評に励まされたらしい。

そしてこの年に、天津乙女をはじめ初めて東京出身の生徒を入団させ（以後、徐々に東京出身の生徒を増加させた）、翌年もまた帝劇公演を成功させた。以後も毎年東京で歌舞伎座、新橋演舞場などを借りきり、年に三、四回ずつ公演して、東京進出の可能性を見きわめた上で、いよいよ東京宝塚劇場建設へと取り組んでいった。

関東大震災後の東京は、郊外へと住宅地が延び、浅草のほかに新しい東京人の遊び場が求められていた。小林一三は、宝塚の東京進出の最適地や人の流れや交通量を綿密に調査検討したところ、国電有楽町駅や銀座にも近く、丸の内オフィス街をひかえた日比谷以外にないと結論した。

偶然にも、小林が副社長をしていた東京電燈所有の空き地が入手できたので、この土地を中心に、一九三四年元旦に東京宝塚劇場、二月に日比谷映画劇場（入場料五十銭均一の外国映画上映館として画期的な好成績をあげた）を開場、翌年には、日本劇場を東宝経営とし、有楽座も開場、その後は経営不振の帝劇をも手に入れて、この有楽町一帯を「アミューズメント・センター」と名づけ、「清新にして高尚なる都市娯楽街」をつくりあげた。

当時、宮城前の近くに娯楽街とは、との反撥もあったようだが、この立地条件は大成功で、東京宝塚劇場設立にちなむ標語づくりから、今も有名な「清く正しく美しく」のモットーが生まれた。その新築落成開場記念のために、小林一三は「初夢有楽町（ハツユメアミューズメントセンター）」という詞をつくっている。その三節目は次のような詩文である。

そのプロローグとして　我等の舞台
朗らかに　清く　正しく　美しく
我らの宝塚こそ
大衆芸術の陣営　家庭共楽の殿堂
おゝ　我東京宝塚劇場！　〈傍点は引用者〉

この「朗らかに」は、じつは宝塚戦略のキーワードのひとつだが、そのモットーが洗練される過程でやがて戦争の激化とともに消えていった。東宝劇場開場は一三のいわば年来の悲願ともいうべきもので、その心情の一端は、すでに「東京へ！　東京へ！」（一九三二年）という一文に吐露されている（『歌劇』一四八号　一九三二年）。

一三の新しい国民劇創成への理念は、ドイツの世界的演出家マックス・ラインハルトと同様の大劇場論の主張がその基本である。

東宝劇場は「惜しむらくはわずかに三千人」収容で、これは結局は資金の関係によるものである。しかし、この三千人劇場でも東京においてはナンバーワンだ。今や大劇場が新しい脚本を生む時代となり、音楽本位の芝居、拡声器の応用、ライトアップさるべき電気照明が有効に生れるだろう、とし、それは「我宝塚が東京進出によってのみ其目的を達しえられると信じている」という。すでに宝塚では四千人の大劇場が成功を収めているが、しかし、その国民劇の大成はやはり東京を選ばなくてはならぬ、と次のように書いている。

「東京へ！　東京へ！　今や進軍ラッパは我一党の若い人達の血を躍らすであろう。東京のエライ人達が、自己陶酔に威張っている間にそれは恰かも江戸の八百八町が、いつの間にか薩長の足軽等に蹂躙せられし如くに無言にして只だ黙々と実行するのみである。宝塚一党の青年達が勇気と熱情として頼母しい微笑の間に、劇界革命の旗印を日比谷公園の一角に樹てるべき其音頭取として私は若返へることを喜ぶものである」。
この時、一三は満五十九歳、株式会社東京宝塚劇場を創立、取締役社長に就任する直前の文章である。

江東に「清く、正しく、美しい」パラダイスを　丸の内・有楽街「アミューズメント・センター」を創設した小林一三は、一九三七（昭和十二）年には、当時の省線錦糸町駅の西側五千坪の敷地に江東楽天地をつくった。この計画は汽車会社の工場敷地跡を買い、丸の内のビジネスセンターに対応する工場地帯の楽天地、いわば〝小浅草〟をつくり、この地域に最も必要で最も適切な良質な設備の娯楽機関を提供し、明日への糧としたいという理想からであった。

そもそも楽天地という名称は、大阪・千日前楽天地が有名であるが、もとはといえばパラダイスの日本語訳ともいわれている。その頃の錦糸町一帯といえば、工場跡がそのまま残っているような淋しい場末の下町といった環境だったらしく、一三の無謀ともみえる〝楽天地〟建設案に対しては多くの人が呆然とし、嘲ったものだという。

一三が自ら書いたといわれる「東京楽天地」の設立趣意書には、彼の娯楽事業経営に対するゆるぎない理想と深い洞察がうかがわれて興味深いので引用しておきたい。

「私達の理想である『清く、正しく、美しく』御家族打連れてお遊びの出来る朗らかな娯楽地域を、国民大衆に捧げることは〈中略〉『慰安は生活の要素也』といふ主意からも必要であると信じ、ここに隅田川の東、本所、深川両区は最近異常な発展をなし、将来益々発展すべき産業、日本の原動力となるべき工場地帯、そしてここに働く人々、その家族達、それから市川、船橋、千葉方面に住む人々のためにも、丸ノ内の有楽街の様に、清く朗らかな娯楽場が必要になって来たことに思い至りまして、当会社の設立を決心した次第であります。」（那波光正『小林一三が遺されたもの』文藝春秋　一九六九年）

この江東楽天地事業は、一三にとっては社会政策的意義をもつと共に将来の経営上の可能性を見通して実行された。最初から当時としては画期的な暖冷房つきの江東劇場、本所映画館を開場、翌年は当時の芸能界の雄、吉本興業のために江東花月劇場を造り賃貸した。そのほか、仲見世あり、飲食店、遊園地あり、観音様ありで、まさに清新なる〝小浅草〟といった一大娯楽郷を出現させ、その実現を危ぶんでいた人々をも驚嘆させたといわれる。

その後の「東京楽天地」の発展の様相は一九六〇年代の一覧表（一九〇ページ）にもうかがわれよう。右の経緯からも、小林一三の東京進出が一方ではかつての娯楽のメッカ、浅草を目指していたことを推測させる。そして戦後の公職追放を解除され、東宝社長に就任した一九五一年（七十八歳）には、その当時の国際劇場が建っていた場所が担保流れで手に入る契約ができかかったが、甲州出身の財界の先輩・根津嘉一郎から東宝が浅草から手を引くように頼まれ、一三は黙ってその件をあきらめた、というエピソードも伝えられている。

一九六〇年代の「東京楽天地」

東京楽天地映画街
江東劇場・本所映画館
リッツ劇場・キンゲキ
江東名画座・江東文化劇場
江東地下劇場・江東スカラ座
仲見世商店街

江劇ビル
元禄寿司・日の丸薬局
中華味楽亭・酒亭恵美寿
麻雀・囲碁・将棋
ビリヤード・バッティング

本映ビル
コーナーショップ
喫茶カトレヤ・サン美容室
ビヤレストランスコール・ゴルフ練習場

楽天地温泉会館
噴水キャバレーグランドフォンテン
天然温泉大浴場
レストランスパ・サウナドック
ダンスホールブルースカイ

楽天地ボーリング
ブランズウィック40レーン
ビリヤード・スナック

駅ビルきんし町
（国電錦糸町駅）

楽天地ダービービル
場外馬券発売所

第一錦糸ビル
第二錦糸ビル
江東花壇街
楽天地タクシー

　その翌年、今度は浅草寺が復興資金捻出のため浅草瓢箪池の半分（千坪）を売ることになり、東宝の那波光正らの苦労がみのり、その土地に念願の浅草宝塚劇場と浅草地下劇場とが誕生したことで、一三の長い間の「浅草の夢」がようやく実現したのだった。

　この劇場建築は工事設計に無理があり、失敗作といわれたが、小林一三の劇場建築の最後の夢は、ギリシャ・ローマ時代の円形劇場をモデルに、一九五六年に完成した「新宿コマスタジアム」と「梅田コマスタジアム」とであった。亡くなる前年に完成した両劇場の構想も、じつは江東楽天地設立と共に構想されていた秋葉原、新宿両「楽天地」計画の延長線上のものだった。

小林一三と東京との関わりはこのほか、意外にも株式会社後楽園スタヂアムの設立にも関係しており、一九三八年以降は東宝系企業となったが、一三の描いた後楽園経営は戦争の激化によって開花せぬままに敗戦を迎えたのである。

（『東京人』一九九八年五月号）

本書の原本は、一九九一年に講談社より刊行されました。

著者略歴
一九三二年　群馬県に生まれる
一九五九年　京都大学大学院教育学研究科中退
毎日放送企画調査部勤務の後
関西学院大学教授、桃山学院大学教授を歴任
現　在　関西学院大学名誉教授　社会学博士

〔主要著書〕
『近代日本のメディア・イベント』（編著、同文館、一九九六年）、『現代日本メディア史の研究』（ミネルヴァ書房、一九九八年）、『村嶋歸之著作選集―大正・昭和の風俗批評と社会探訪』全五巻（共編、柏書房、二〇〇五年）、『近代日本の音楽文化とタカラヅカ』（共編著、世界思想社、二〇〇六年）、『写真でよむ昭和モダンの風景』（監修・解説、柏書房、二〇〇六年）

読みなおす日本史

宝塚戦略
小林一三の生活文化論

二〇一八年（平成三十）四月一日　第一刷発行

著　者　津金澤聰廣（つがねさわとしひろ）
発行者　吉川道郎
発行所　株式会社吉川弘文館
郵便番号一一三―〇〇三三
東京都文京区本郷七丁目二番八号
電話〇三―三八一三―九一五一〈代表〉
振替口座〇〇一〇〇―五―二四四
http://www.yoshikawa-k.co.jp/
組版＝株式会社キャップス
印刷＝藤原印刷株式会社
製本＝ナショナル製本協同組合
装幀＝渡邉雄哉

ISBN978-4-642-06760-7

刊行のことば

現代社会では、膨大な数の新刊図書が日々書店に並んでいます。昨今の電子書籍を含めますと、一人の読者が書名すら目にすることができないほどとなっています。ましてや、数年以前に刊行された本は書店の店頭に並ぶことも少なく、良書でありながらめぐり会うことのできない例は、日常的なことになっています。

人文書、とりわけ小社が専門とする歴史書におきましても、広く学界共通の財産として参照されるべきものとなっているにもかかわらず、その多くが現在では市場に出回らず入手、講読に時間と手間がかかるようになってしまっています。歴史の面白さを伝える図書を、読者の手元に届けることができないことは、歴史書出版の一翼を担う小社としても遺憾とするところです。

そこで、良書の発掘を通して、読者と図書をめぐる豊かな関係に寄与すべく、シリーズ「読みなおす日本史」を刊行いたします。本シリーズは、既刊の日本史関係書のなかから、研究の進展に今も寄与し続けているとともに、現在も広く読者に訴える力を有している良書を精選し順次定期的に刊行するものです。これらの知の文化遺産が、ゆるぎない視点からことの本質を説き続ける、確かな水先案内として迎えられることを切に願ってやみません。

二〇一二年四月

吉川弘文館

読みなおす日本史

昭和史をさぐる　伊藤　隆著　二四〇〇円
歴史的仮名遣い その成立と特徴　築島　裕著　二二〇〇円
時計の社会史　角山　榮著　二二〇〇円
漢　方 中国医学の精華　石原　明著　二二〇〇円
墓と葬送の社会史　森　謙二著　二四〇〇円
悪　党　小泉宜右著　二二〇〇円
戦国武将と茶の湯　米原正義著　二二〇〇円
大佛勧進ものがたり　平岡定海著　二二〇〇円
大地震 古記録に学ぶ　宇佐美龍夫著　二二〇〇円
姓氏・家紋・花押　荻野三七彦著　二四〇〇円
安芸毛利一族　河合正治著　二四〇〇円
三くだり半と縁切寺 江戸の離婚を読みなおす　高木　侃著　二四〇〇円
太平記の世界 列島の内乱史　佐藤和彦著　二二〇〇円
白　隠 禅とその芸術　古田紹欽著　二二〇〇円
蒲生氏郷　今村義孝著　二二〇〇円
近世大坂の町と人　脇田　修著　二五〇〇円
キリシタン大名　岡田章雄著　二二〇〇円
ハンコの文化史 古代ギリシャから現代日本まで　新関欽哉著　二二〇〇円
内乱のなかの貴族 南北朝と「園太暦」の世界　林屋辰三郎著　二二〇〇円
出雲尼子一族　米原正義著　二二〇〇円

吉川弘文館
（価格は税別）

読みなおす
日本史

古地図からみた古代日本 土地制度と景観
金田章裕著　二二〇〇円

「うつわ」を食らう 日本人と食事の文化
神崎宣武著　二二〇〇円

角倉素庵
林屋辰三郎著　二二〇〇円

江戸の親子 父親が子どもを育てた時代
太田素子著　二二〇〇円

埋もれた江戸 東大の地下の大名屋敷
藤本　強著　二五〇〇円

真田松代藩の財政改革 『日暮硯』と恩田杢
笠谷和比古著　二二〇〇円

日本の奇僧・快僧
今井雅晴著　二二〇〇円

平家物語の女たち 大力・尼・白拍子
細川涼一著　二二〇〇円

戦争と放送
竹山昭子著　二四〇〇円

「通商国家」日本の情報戦略 領事報告をよむ
角山　榮著　二二〇〇円

日本の参謀本部
大江志乃夫著　二二〇〇円

宝塚戦略 小林一三の生活文化論
津金澤聰廣著　二二〇〇円

観音・地蔵・不動
速水　侑著　（続　刊）

飢餓と戦争の東国を行く
藤木久志著　（続　刊）

陸奥伊達一族
高橋富雄著　（続　刊）

江戸城御庭番 徳川将軍の耳と目
深井雅海著　（続　刊）